Elogios ao livro:

"Um livro pequeno e encantador sobre como curar por meio da oração os nossos pensamentos baseados no medo."

— Jon Mundy, PhD,
Living a Course in Miracles
editor da revista *Miracles*.

"Suponha que exista um caminho para uma vida melhor que seja na verdade a coisa mais simples, a rota mais direta para efeitos imediatos. E se isso não lhe custasse nada, ocupasse muito pouco o seu tempo e não oferecesse risco algum de dar errado ou magoar outras pessoas? Você está prestes a encontrar um presente assim neste livro, e logo descobrirá que todos os seus medos surgiram do nada. Ao fazer isso, você também estará prestes a iniciar uma vida na qual o perdão se tornará uma prática tangível, e ficar obcecado pelo medo se tornará uma coisa do passado."

— Dr. Lee Jampolsky,
autor de *Smile for No Good Reason*
e *How to Say Yes When Your Body Says No*.

"O livro de Debra Engle realmente me surpreendeu. Assim como Engle, também fui aluna de *Um Curso em Milagres* durante trinta anos. E também como aconteceu com ela, o livro me ensinou todas as importantes ferramentas espirituais às quais eu recorro todos os dias. No entanto a sua pequena oração oferece um atalho primordial para a vida repleta de paz que todos, alunos ou não do curso, podem usar diariamente. Em todas as horas, até mesmo a cada minuto. Obrigada, Debra. Eu precisava ler o seu livro hoje. Eu precisava mudar a maneira de pensar sobre uma situação com a qual estou lidando, e o seu livro e a oração fizeram exatamente isso por mim."

KAREN CASEY, PhD,
autora de *Each Day a New Beginning*.

UMA ORAÇÃO PARA CURAR SEUS MEDOS

DEBRA LANDWEHR ENGLE
PREFÁCIO DE SUA SANTIDADE O DALAI LAMA

Uma Oração para Curar seus Medos

Tradução
Claudia Gerpe Duarte
Eduardo Gerpe Duarte

Editora Pensamento
SÃO PAULO

Título do original: *The Only Little Prayer You Need.*

Copyright © 2014 Debra Landwehr Engle.

Copyright da edição brasileira © 2016 Editora Pensamento-Cultrix Ltda.

Bênção © Tenzin Gyatso, Sua Santidade o XIV Dalai Lama.

Texto de acordo com as novas regras ortográficas da língua portuguesa.

1ª edição 2016.

1ª reimpressão 2018.

Todos os direitos reservados. Nenhuma parte desta obra pode ser reproduzida ou usada de qualquer forma ou por qualquer meio, eletrônico ou mecânico, inclusive fotocópias, gravações ou sistema de armazenamento em banco de dados, sem permissão por escrito, exceto nos casos de trechos curtos citados em resenhas críticas ou artigos de revistas.

A Editora Pensamento não se responsabiliza por eventuais mudanças ocorridas nos endereços convencionais ou eletrônicos citados neste livro.

Editor: Adilson Silva Ramachandra
Editora de texto: Denise de Carvalho Rocha
Gerente editorial: Roseli de S. Ferraz
Preparação de originais: Marta Almeida de Sá
Produção editorial: Indiara Faria Kayo
Editoração eletrônica: Join Bureau
Revisão: Bárbara Parente e Vivian Miwa Matsushita

Dados Internacionais de Catalogação na Publicação (CIP)
(Câmara Brasileira do Livro, SP, Brasil)

Engle, Debra Landwehr
    Uma oração para curar seus medos / Debra Landwehr Engle ; tradução Claudia Gerpe Duarte, Eduardo Gerpe Duarte. – São Paulo : Pensamento, 2016.

    Título original: The only little prayer you need.
    ISBN 978-85-315-1962-8

    1. Orações 2. Vida espiritual – Movimento da Nova Era I. Título.

16-08138   CDD-204.3

Índice para catálogo sistemático:
1. Oração : Vida espiritual   204.3

Direitos de tradução para o Brasil adquiridos com exclusividade pela
EDITORA PENSAMENTO-CULTRIX LTDA., que se reserva a
propriedade literária desta tradução.
Rua Dr. Mário Vicente, 368 – 04270-000 – São Paulo – SP
Fone: (11) 2066-9000 – Fax: (11) 2066-9008
http://www.editorapensamento.com.br
E-mail: atendimento@editorapensamento.com.br
Foi feito o depósito legal.

Sumário

Bênção de Sua Santidade o Dalai Lama 9

Prefácio 11

1. A oração 15

2. O que a oração significa 23

3. O que é o medo? 33

4. Como o medo afeta a sua vida? 53

5. O que torna esta oração diferente? 75

6. Como se faz a oração? 93

7. Preste atenção aos seus pensamentos 103

8. O que você pode esperar quando iniciar? 117

9. O que acontece ao longo do tempo? 133

10. Como a oração funciona na vida real? 161

11. Como a oração pode mudar o mundo? 181

Perguntas e respostas 199

E por fim... 209

Agradecimentos 221

Bênção de Sua Santidade o Dalai Lama

O interesse sincero pelos outros é o principal fator para que nossa vida diária melhore. Quando você é cordial, não há espaço para a raiva, o ciúme ou a insegurança. A mente calma e a autoconfiança são a base das relações felizes e tranquilas. As famílias saudáveis e felizes, bem como uma nação saudável e pacífica, dependem da cordialidade. Alguns cientistas observaram que a raiva e o medo constantes destroem aos poucos o nosso sistema imunológico, ao passo que a mente calma o fortalece.

Temos que verificar como podemos mudar o nosso sistema educacional desde o jardim da infância, para que possamos ensinar as pessoas a desenvolver a cordialidade desde cedo a fim de criar uma sociedade mais saudável. Não estou dizendo que precisamos mudar todo o sistema; apenas aprimorá-lo. Precisamos incentivar o entendimento de que a paz interior ocorre quando nos apoiamos em valores humanos como o amor, a compaixão, a tolerância e a sinceridade, e que a paz no mundo depende de as pessoas encontrarem a paz interior.

— SUA SANTIDADE O DALAI LAMA

Prefácio

Não sou o tipo de pessoa que normalmente pede a alguém para rezar. Isso sempre me pareceu moralista, pessoal e pretensioso. Na realidade, até mesmo já me irritei com a palavra "oração" – e também com "Deus", "Jesus" e o "Espírito Santo" – porque essas palavras têm significados muito particulares para cada pessoa, e a minha interpretação pode ser muito diferente da do meu vizinho.

No entanto, há cerca de trinta anos, comecei a estudar *Um Curso em Milagres*, que é descrito como "psicoterapia espiritual". Embora esse curso contenha uma linguagem cristã, ele é um caminho para a paz de espírito, não para a religião, para uma paz profunda que reside dentro de cada um de nós com a ajuda de um poder superior.

Embora eu tenha estudado e ensinado o *Curso* durante anos, ainda aprendo mais com os seus ensinamentos todos os dias – e, às vezes, de uma maneira não muito agradável. Seguir qualquer caminho espiritual em geral é como andar num labirinto. À medida que progredimos, tendemos a fazer muitos desvios ao longo do caminho. Não recebemos todas as respostas de uma vez, e mesmo quando temos um momento "eureca", podemos nos encontrar numa parte nova e complicada do labirinto que nunca vimos antes.

Estamos num momento neste planeta em que precisamos dar um salto à frente, transpor anos de perambulação para que possamos avançar em direção à paz, tanto dentro de nós mesmos quanto no mundo.

E é por isso que estou escrevendo este livro. Esta história diz respeito a um evento aparentemente trivial na minha vida que adquiriu um significado milagroso por causa das lições que o acompanharam.

Não sou teóloga; na verdade, encontrei a maior parte do meu amparo espiritual fora da religião tradicional. No entanto acredito que estamos voltando a uma época em que compreendemos a nossa conexão individual com o divino e nos "recordamos" dela. Cada um de nós tem um relacionamento direto com um poder superior, e é invocando e desenvolvendo esse relacionamento que podemos vivenciar o que pode ser chamado de mudança milagrosa em nossa vida.

Meu marido, Bob, e eu tivemos a nossa parcela de tragédias e dor em nossa vida. Ambos passamos por um divórcio. O filho mais velho de Bob morreu por causa de uma doença que ninguém jamais conseguiu identificar. Ambos tivemos momentos de dificuldades financeiras. E na minha função de cofundadora de um programa de espiritualidade e crescimento pessoal, trabalhei durante anos com mulheres que tiveram as mais diferentes experiências, como os efeitos permanentes de abuso sexual na infância, a incerteza no que se refere ao seu principal relacionamento, ao seu estágio na vida e ao futuro dos seus filhos em consequência da saúde mental ou de problemas com o uso de drogas.

A maneira como lidamos com todos esses desafios define a qualidade de nossa vida e a nossa paz de espírito. E com o auxílio de *Um Curso em Milagres*, também sei que tentar fazer isso sem a ajuda de um poder superior não vai nos levar aonde queremos ir.

Acredito que, quando você usar a oração deste livro, experimentará um progresso constante em direção a uma vida de mais paz interior. Grande parte do drama e do caos à sua volta se aquietará, e o que restar causará menos impacto em você, sendo eliminado, porque você não será mais um hospedeiro disponível.

Por mais absurdo que pareça, acho que esta oração é uma *resposta* à oração. É um caminho para uma vida melhor. E é a coisa mais simples possível. Agora, tudo o que temos de fazer é, na realidade, praticá-la.

Então aqui estou eu, pedindo a você para rezar.

Um

A oração

E ra 11 de janeiro de 2013, e eu tinha a impressão de que um longo ano já havia se passado. No início da semana, eu havia cometido um erro substancial com um cliente importante, e embora todos na minha equipe de projetos tivessem sido afáveis e compreensivos, tive muita dificuldade em perdoar a mim mesma. Na realidade, às três horas da manhã do dia seguinte, acordei em pânico, achando que havia enviado o arquivo errado para o mesmo cliente. Parecia que alguém estava empurrando uma tocha acesa na minha garganta.

Cansada, e nitidamente mal-humorada, fui com meu marido buscar o nosso Honda CR-V na oficina. A porta do motorista tinha sido danificada num pequeno acidente no estacionamento de um supermercado. Depois de alugar uma série de carros, estava pronta para entrar de novo num veículo que combinasse comigo.

Quando fiz isso, fiquei satisfeita ao ver que o amassado tinha sido consertado, bem como a janela e a moldura da porta. Bob abriu a porta do motorista para examiná-la.

"Parece que está tudo bem", eu disse. "Estou feliz."

No entanto a porta não fechou direito. Bob a abriu e fechou com mais força, mas teve que batê-la para que travasse. O meu humor, que havia melhorado por um breve momento, começou a declinar de novo.

Bob conversou com o gerente da oficina e combinou com ele que outros reparos seriam feitos nas duas semanas seguintes. Imaginamos que, nesse meio-tempo, poderíamos devolver o carro alugado.

Dirigi o Honda CR-V, seguindo Bob na estrada enquanto íamos em direção à rodovia interestadual. Pouco depois, ouvi um ruído no painel, e então uma vibração. Todas as vezes que eu passava sobre um relevo na estrada, parecia que o ruído piorava – e o meu ânimo também.

O carro não foi consertado direito, pensei. *Ele tem que voltar para a oficina, e nunca vai ficar bom.* A partir daí, meus pensamentos entraram em queda livre. Comecei a achar que o acidente poderia ter sido evitado. *Ele não teria acontecido se eu estivesse dirigindo em vez de Bob.* Meus pensamentos foram ficando cada vez mais sombrios, todos colocando a culpa em Bob, no mecânico da oficina ou em mim mesma pelas semanas de inconveniência, pelas despesas e frustração. Enquanto eu dirigia, fui me sentindo cada vez mais infeliz.

Não sei como você é, mas eu passei tempo demais nesse buraco negro a minha vida inteira. Apesar do fato de eu ter estudado as tradições espirituais, a meditação e as práticas de espiritualidade – até ensinando-as durante muitos anos –, ainda me dou conta de que os meus pensamentos resvalam muito para o negativo. Posso ficar irritada ou frustrada com facilidade. Quando estou estressada, sou indelicada e ríspida, às vezes pura e simplesmente má.

Quando chegamos à locadora de automóveis para devolver o carro, eu estava exausta. Não apenas em função desses minutos de pensamentos negativos, mas por ter passado a vida inteira convivendo com eles. Neste caso, eu estava com medo de que o Honda CR-V nunca fosse consertado, com medo de jamais perdoar Bob, com medo de sempre ficar furiosa porque ele estava dirigindo no dia do acidente, com medo de não sermos indenizados pela seguradora. Além disso, eu estava com medo, como estivera muitas vezes antes, de continuar a ser infeliz.

Eu tive todos esses pensamentos, ou alguma réplica deles, literalmente centenas, ou até mesmo milhares, de vezes antes. Os nossos problemas financeiros, os eventos inesperados e o futuro nunca eram resolvidos. Não porque Bob e eu não conversássemos sobre essas coisas; nós conversávamos. Mas porque, de alguma maneira, nada parecia mudar de fato.

Durante o tempo em que permaneci sentada no CR-V enquanto Bob entrava no escritório para tratar da papelada, desejei, de fato, fazer alguma coisa diferente, mas na verdade *eu* não podia fazer nada. A minha mente havia criado o problema, e eu não poderia resolvê-lo se não mudasse o meu modo de pensar. O que eu queria era uma brisa de ar puro

– um *sopro* de amor, aceitação e cura. Eu sabia que isso não poderia vir de mim. Tinha de vir de outro poder.

Pensei nas minhas opções, e a única que me pareceu viável foi pedir ajuda. Eu me reclinei no banco do motorista, contemplei os carros no estacionamento da locadora e dei comigo mesma dizendo as seguintes palavras para o Espírito Santo:

Por favor,

cure

os meus

PENSAMENTOS

baseados no medo.

Eu nunca havia proferido essa oração. Na realidade, ela surgiu do nada. E, na ocasião, não me pareceu nem um pouco extraordinária. Afinal de contas, quando estamos sofrendo, nós nos voltamos para um poder superior pedindo para sermos curados com quaisquer palavras que venham do coração. Contudo o que aconteceu depois levou a situação para um nível totalmente diferente.

Dois

O que a
oração significa

Quando Bob entrou no carro, eu ainda estava de mau humor. A oração não havia mudado nada em mim, pelo menos é o que eu achava.

"Bem", comecei, bastante desafiadora, "há um ruído estranho no painel, e houve um momento em que ouvi o vento entrando pela janela do motorista."

Bob anotou o que eu estava dizendo para informar ao gerente da oficina. "Alguma outra coisa?", perguntou ele, querendo ajudar de fato.

"Não", respondi emburrada, enquanto dava a partida no carro e pegava a estrada. "Você vai ouvir o ruído quando eu passar por alguns relevos."

Entrei na estrada interestadual, e Bob inclinou o ouvido na direção do painel para ouvir o tal ruído. Passamos sobre alguns ressaltos e... nada. Nenhum ruído, nenhuma vibração. Imaginei que as vibrações deviam estar abafadas pelo barulho do tráfego pesado na estrada. No entanto passamos sobre outros relevos... e ainda nada.

A meio caminho de casa, Bob disse: "Até agora não ouvi nada; você ouviu alguma coisa?".

"Não", respondi quase desapontada. Como eu poderia fazer com que ele se sentisse culpado se não havia nada errado?

"Com certeza, vamos ouvir quando entrarmos na rodovia", afirmei, imaginando que relevos maiores ativariam o ruído.

Porém isso não aconteceu. Não houve nenhum ruído até chegarmos em casa. Os problemas pareciam ter desaparecido.

Eu ainda estava de mau humor quando chegamos.

Quando entrei, parte de mim estava feliz, e outra parte estava se sentindo enganada. Eu queria punir Bob dizendo: "Viu? O carro está cheio de problemas, e tudo por culpa sua".

Pendurei o casaco, dei uma olhada na correspondência e depois comecei a ouvir a minha voz interior. Basicamente, ela dizia o seguinte:

> *Quando você pediu que os seus pensamentos fossem remediados, os gatilhos externos para esses pensamentos deixaram de ser necessários, por isso os ruídos desapareceram.*

Oh, pensei, da maneira mundana que às vezes precede as grandes mudanças. Uma mudança na minha percepção *interior* tinha acabado de modificar o meu ambiente *externo*. Isso, nos ensinamentos de *Um Curso em Milagres*, se qualificaria como um milagre, uma volta ao que o *Curso* chama de "retidão".

Enquanto estava perturbada, eu precisava de ruídos no painel do meu carro para me ajudar a ficar curada. Porém, quando os pensamentos foram curados, os ruídos deixaram de ser necessários.

Esse momento "eureca" se espalhou lentamente através de mim como uma bebida quente. Compreendi que era algo grande – uma coisa que, apesar de todos os meus anos de estudos espirituais, eu nunca compreendera dessa maneira.

Wayne Dyer disse há muito tempo: "Mude a maneira como você olha para as coisas, e as coisas para as quais você olha mudarão". Em outras palavras, mude a sua percepção, e o seu mundo parecerá diferente.

Eu compreendo isso. Se eu acreditar que o mundo é um lugar assustador, encontrarei situações perigosas em toda parte. Se eu mudar a minha percepção e passar a acreditar que o mundo é um lugar seguro, verei ajuda e apoio em toda parte.

Mas isso era diferente.

"Mude a maneira como você olha para as coisas, e as coisas para as quais você olha mudarão."

– WAYNE DYER

"Bob", eu disse, "temos que conversar sobre uma coisa que é muito importante e muito boa; vamos nos sentar." Estou certa de que ele pôde detectar uma mudança de tom na minha voz.

Nós nos sentamos à mesa da cozinha, abrimos um saco de batatas fritas e um de cenouras, e apoiamos as pernas na cadeira um do outro como costumamos fazer.

Contei a ele tudo o que pensei durante o trajeto até a locadora e como eu tinha ficado zangada. Disse também que eu havia pedido que os pensamentos baseados no medo fossem curados – e que depois disso os ruídos no carro tinham desaparecido.

"Acho que o que aconteceu foi o seguinte", disse eu. "Chegamos a esta vida tendo que aprender certas lições a respeito de amor e aceitação, de modo que todas as situações e todos os relacionamentos existem para nos ajudar a tornar-nos mais amorosos e tolerantes. Eles nos propiciam oportunidades de aprendizado."

"Quando pedimos que os nossos pensamentos baseados no medo sejam curados, estamos pedindo para que o medo seja substituído por amor e aceitação. Quando nossos pensamentos são curados, não precisamos mais da lição, e as circunstâncias ou os problemas vão embora."

Ocorreu-me que este é na verdade o segredo. *Quando os nossos pensamentos são curados, não precisamos mais da lição, e as circunstâncias ou os problemas vão embora.* Também é muito simples, e é por isso que lutamos contra ele ou nos esquecemos de pedir ajuda. Como poderia ser eficaz sendo tão fácil? Mas quando conseguimos nos lembrar de pedir que os pensamentos sejam curados, nós não apenas mudamos, mas os nossos "problemas" podem deixar de existir com o tempo.

Depois de comer mais algumas batatas fritas e cenouras, Bob e eu pegamos uma folha de papel e anotamos as principais coisas que nos proporcionam pensamentos de medo. Dinheiro: ganhar, gastar, poupar e investir. A nossa casa e nossa propriedade. Os nossos negócios. Os amigos e a família. Hormônios. A economia. À medida que a lista ia crescendo, nós nos demos conta de que temos pensamentos baseados no medo a respeito de quase tudo, de uma maneira ou de outra.

Depois, na meia hora seguinte, examinamos cada item da lista, revezando-nos, pedindo que os nossos pensamentos baseados no medo acerca desse item fossem curados para que recuperássemos o equilíbrio.

Em alguns casos, os nossos pedidos eram genéricos; em outros, eram mais específicos. Com relação à saúde, Bob pediu que os seus pensamentos baseados no medo de glaucoma e referentes à intolerância a glúten fossem curados. No caso do dinheiro, pedi que os meus receios em relação à poupança para a aposentadoria fossem curados.

Examinamos a lista inteira, sem nos apressarmos, refletindo bastante sobre cada item. Quando terminamos, não tínhamos certeza do que havia acabado de acontecer, ou do que aconteceria em seguida. Mas uma coisa eu posso dizer: o meu mal tinha desaparecido havia muito tempo, e a harmonia fora restabelecida.

Três

O que é o medo?

A história do Honda CR-V pode parecer comum e desinteressante, mas este é exatamente o ponto. Na vida, procuramos com frequência grandes histórias, grandes milagres: a mulher que levanta o ônibus que tombou por cima do filho, ou a pessoa cega que passou a enxergar de uma hora para outra de novo. No entanto o verdadeiro milagre é a mudança na nossa mente que possibilita que vivamos uma vida de paz e alegria em vez de uma vida de conflito e caos interior. Esses milagres estão disponíveis para nós todos os dias; basta que nos desloquemos do medo para o amor. O truque é fazer essa mudança de uma maneira verdadeira e duradoura.

Foi por isso que, depois que Bob e eu conversamos, a bebida quente dentro de mim pareceu mais nutritiva e compreendi como aquilo era profundo. Eu me sentei ao computador e comecei a escrever sobre o assunto. "Isto é GRANDE!", escrevi. "Realmente GRANDE! Não precisamos resolver o problema. Os nossos pensamentos a respeito do problema precisam ser curados. Quando fazemos isso, a lição deixa de ser necessária. O que quer que precisasse ser corrigido ou curado não será mais um problema."

Correndo o risco de parecer muito dramática, acredito que essa seja a resposta que estamos procurando. É isso que poderia mudar o nosso mundo.

Vou lhe dizer por que acredito nisso com todo o fervor.

De acordo com *Um Curso em Milagres*, a nossa mente tem dois lados. Um deles é o ego. Ao contrário da nossa definição tradicional do ego, que conota pessoas que são prepotentes ou cheias de si, o *Curso* faz com que o ego pareça uma agitada criança de 2 anos. Exigente, propenso a ataques de raiva e explosões, o ego se alimenta do medo.

A outra parte representa o Eu superior, que se lembra de que somos filhos de Deus. Quieto e respeitoso, ele se comunica por meio de sussurros e suaves cutucadas enquanto expressa e concede o amor divino.

Vivemos num mundo que alimenta o nosso ego com medo. Somos bombardeados todos os dias por mensagens baseadas no medo. O terrorismo vai acabar conosco, ou terremotos, o aquecimento global ou a economia. E somos quase sempre criticados ou fazemos julgamentos: pelo que estamos vestindo, pelo nosso cabelo, pelo nosso carro, pela nossa casa, pela nossa produtividade, pelo nosso desempenho no emprego, pelas realizações de nossos filhos e assim por diante. Uma vez que você começa a decompor tudo isso, percebe que o medo é difundido, como um câncer que entrou em nossos ossos.

Também podemos alimentar o nosso Eu superior neste mundo, mas fazemos isso de uma maneira diferente – uma maneira que não é nem de longe tão excitante quanto esse grande drama pode ser. Nós o alimentamos por meio da meditação, da autorreflexão, da quietude, do tempo que passamos na natureza e de outras atividades tipicamente tranquilas que possibilitam que escutemos a voz interior. Ao fazer essas coisas, nós nos tornamos mais conscientes da luz dentro de nós, do amor que é a essência de quem somos.

Pense nisso da seguinte maneira: a nossa essência, ou nosso amor, é como uma chama que nunca se apaga. Porém essa chama arde dentro de uma lanterna que está coberta de lama – coberta pelo medo. Quanto mais apreensivos são os nossos pensamentos, mais opacas se tornam as paredes da lanterna, até que não consigamos mais ver a chama que está do lado de dentro. Podemos nos esquecer de que a chama está lá, ou sentir que ela não causa nenhum impacto em nossa vida porque não sabemos como ter acesso a ela. Nesse ponto, o medo governa a nossa existência.

É por isso que o *Curso* diz o seguinte: "A sua tarefa não é procurar o amor, e sim apenas procurar e encontrar todas as barreiras dentro de si mesmo que você construir contra ele". Em outras palavras, embora o mundo acumule medo sobre a nossa luz, a nossa função é lembrar-nos dessa luz interior. Quando nos lembramos disso, o que quer que parecesse ocultá-la deixa de existir.

É aí que entra a oração.

Por favor,

cure

os meus

PENSAMENTOS

baseados no medo.

Vamos examinar mais de perto o medo e o amor. Quando ensino o *Curso*, acho proveitoso imaginar duas árvores. Vamos chamar uma delas de "Árvore do Medo" e a outra de "Árvore do Amor".

Faço isso porque as nossas definições típicas de medo e amor são limitadas. Quando pensamos no medo, em geral pensamos em coisas que causam temor: câncer, crises econômicas, perder o emprego, nossos filhos se ferirem, perda pessoal, morte.

Quando pensamos no amor, em geral pensamos no amor romântico, ou no amor que sentimos pelos nossos filhos, por nossos animais de estimação ou pelo nosso melhor amigo.

Porém quando você para e pensa de fato a respeito, percebe que todas as nossas emoções estão radicadas na Árvore do Medo ou na Árvore do Amor.

Os galhos da Árvore do Amor produzem bondade, compaixão, dedicação, criatividade, alegria, jovialidade, paz, aceitação e o maior sentimento de todos: o perdão – todos os sentimentos que estão radicados no amor.

Os galhos da Árvore do Medo produzem dor, raiva, mesquinhez e violência; e o maior sentimento de todos: está ligado à crítica – todos esses sentimentos estão radicados no medo.

"Muitos dos pensamentos que temos todos os dias – a esmagadora maioria deles – estão radicados no medo."

De fato, o medo produz muitas coisas que, na maioria das vezes, não atribuímos a ele. Pode ser fácil, por exemplo, perceber como a preocupação está radicada no medo. Mas de que maneira, digamos, a arrogância é uma forma de medo? Bem, vamos segui-la até as suas origens: você se sente inseguro com relação ao seu valor, sente que precisa demonstrar a sua capacidade, de modo que você se vangloria das suas realizações. Na realidade, você tem medo de que as pessoas não gostem de você, achem que você não é importante, que você não merece estar aqui. Quando você é arrogante, você está, na verdade, agindo com base no medo.

Muitos dos pensamentos que temos todos os dias – e estou me referindo à esmagadora maioria deles – estão radicados no medo. E, no entanto, não pensamos a respeito deles dessa maneira porque eles estão relacionados ao mundano, como ruídos no painel de instrumentos. Sem dúvida, estamos conscientes das grandes ameaças: a perda do emprego, a morte, uma doença com consequências para a vida inteira, um colapso financeiro, desastres naturais, ataques terroristas. Entretanto o aspecto mais insidioso do medo é que ele se infiltra nas rachaduras *entre* essas ameaças e se instala, não raramente de forma despercebida. Ele se torna uma cobertura constante de obscuridade que nunca permite que experimentemos a luz interior em sua totalidade.

Vamos examinar uma lista de pensamentos baseados no medo para uma consulta rápida.

- Abandono
- Raiva
- Ansiedade
- Ataque
- Arrogância
- *Bullying*
- Controle
- Conformismo, viver de acordo com as expectativas dos outros à custa dos seus talentos exclusivos
- Depressão
- Falsa humildade
- Sentir-se superior aos outros
- Sentir que não é bom o bastante, não é amado, como se você não tivesse importância
- Fofoca
- Ganância
- Pesar
- Culpa
- Insegurança
- Irritação
- Ciúme
- Crítica
- Solidão
- Malevolência
- Martírio
- Mesquinhez

- Necessidade de poder
- Nervosismo
- Pânico
- Pessimismo
- Pobreza
- Vingança
- Sacrifício
- Tristeza
- Escassez
- Vergonha
- Suspeita
- Desconfiança
- Infelicidade
- Violência

Esta não é uma lista completa, e também não estou dizendo que essas emoções sejam todas "más". Elas são parte da nossa experiência humana. O pesar, por exemplo, pode ser uma expressão de amor, e é uma parte importante da cura. A raiva pode produzir uma grande objetividade.

A meta não é erradicar os pensamentos ou as emoções de medo, e sim deslocar-se de práticas de pensamento que se baseiam no medo para práticas que se apoiem no amor. Vamos examinar uma lista de pensamentos baseados no amor:

Compaixão Respeito
Boa vontade
Cortesia Estímulos
Criatividade Compaixão
Confiança
Expansão Aceitação Expansão
Generosidade Conforto
Confiança
Paz Contentamento Compaixão Gratidão Cura
esia Paz Graça Expansão Honestidade Afetuosidade
Compartilhamento Expansão Estímulos
mento Graça Dívidas Expansão Bondade Expansão
Gratidão Criatividade Compartilhamento Dádivas
Liberdade Compartilhamento Alegria Paciência Criatividade
Compaixão
Generosidade Respeito Cortesia Estímulos Consolo Cura Presença
Paciência Dádivas Alegria
Alegria Graça Alegria Afetuosidade
cia Bondade Contentamento Alegria Cura Graça Aceitação Conforto Cura
Presença Presença Dádivas Afetuosidade
Graça Aceitação Cortesia
Alegria Honestidade Generosidade Confiança
Criatividade Dádivas Generosidade Perdão Confiança
nforto Perdão Bondade Presença Respeito Honestidade Cura
Paz Honestidade Afetuosidade Honestidade
paixão Encanto Consolo Afetuosidade Jovialidade Aceitação
Afetuosidade Consolo Gratidão Compartilhamento
Cortesia Paz Generosidade Boa vontade
Boa vontade Presença Compartilhamento Encanto
Liberdade Conforto Expansão Generosidade Encanto
Jovialidade Contentamento Liberdade Conforto
Cortesia Jovialidade

- Aceitação
- Dedicação
- Conforto
- Compaixão
- Confiança
- Contentamento
- Cortesia
- Criatividade
- Encanto
- Estímulos
- Expansão
- Perdão
- Liberdade
- Generosidade
- Dádivas
- Graça
- Gratidão
- Cura
- Honestidade
- Alegria
- Bondade
- Paciência
- Paz
- Jovialidade
- Presença
- Respeito

- Compartilhamento
- Consolo
- Afetuosidade
- Boa vontade

Mais uma coisa: mencionei que a crítica é o maior problema na Árvore do Medo. Por quê? Porque o medo nos faz pensar que somos separados dos outros – sobretudo separados de Deus. Pense em tudo o que a crítica pode causar: *bullying*, violência, ressentimento, ausência do perdão, solidão. Em cada caso, a crítica conduz ao isolamento e à mentalidade de "nós contra eles". Eis os exemplos mais simples:

Vejo uma antiga colega de turma e penso: *Nossa, como ela está envelhecida. Ela deve ter engordado quase 15 quilos. E por que ela não pinta o cabelo? Isso faria com que ela parecesse muito mais jovem.*

Em primeiro lugar, *eca*. Mas este é o tipo de pensamento que pode passar pela nossa cabeça, certo? No entanto, como este pode ser um exemplo de medo?

Além disso, embora esses pensamentos sejam rudes, eles não são expressos; que mal eles podem fazer?

Em qualquer ocasião que estejamos julgando outra pessoa, é o nosso ego tentando se sentir melhor por meio de uma comparação na qual ele se sai melhor. E isso significa que temos medo de não ser bons o bastante, de modo que temos que derrotar outra pessoa.

É claro que sabemos que isso não funciona. Na verdade, julgar outra pessoa *não* faz você se sentir melhor; faz você se sentir pior. Faz você se sentir isolado e sozinho. Sendo assim, você se torna mais desconectado da sua essência como filho de Deus, diminuindo-se um pouco mais. Você acumula mais medo sobre a luz que está dentro de você. Você espalha um pouco mais de lama nas laterais da lanterna, e a luz parece ainda mais mortiça.

Isso é tudo que nós sabemos, certo? Essa é a Regra de Ouro. Cada religião engloba uma forma dessa regra. Algumas pessoas podem respeitá-la porque acreditam que ela conquistará o caminho delas para o céu. No entanto, aqui e agora, é uma boa limpeza mental. Uma psicoterapia importante.

Pense um pouco. Por que as pessoas procuram terapeutas? Porque se sentem deprimidas, culpadas, aflitas, zangadas, não sabem como encontrar paz em si mesmas e nos seus relacionamentos. A maioria não está tentando conquistar o caminho para o céu, está tentando experimentar contentamento e paz de espírito neste momento, todos os dias.

Estamos falando sobre o segredo de viver com a paz de Deus *enquanto você estiver aqui*. Você pode viver no inferno (medo) ou no céu (amor). A oração nos faz lembrar que, todos os minutos de cada dia, podemos fazer uma escolha melhor.

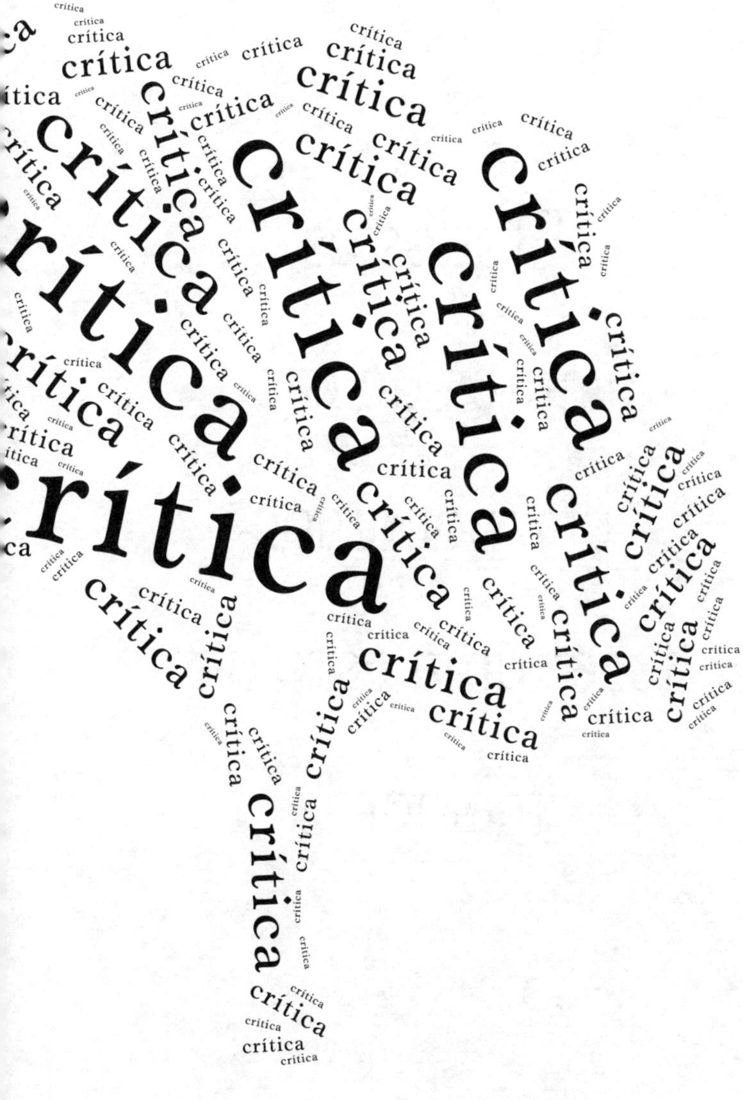
crítica

"Todos os minutos de cada dia, podemos fazer uma escolha melhor."

Eis algumas coisas que você poderá experimentar em decorrência da cura pela oração.

- Ser menos irritável
- Ser mais paciente
- Rir mais
- Ser mais atencioso
- Sentir que você tem mais tempo
- Relaxar com mais facilidade
- Ter mais energia
- Sentir mais harmonia na sua casa
- Respeitar mais a si mesmo e aos outros
- Valorizar-se mais
- Abandonar o ressentimento e as acusações
- Sentir-se menos preocupado
- Colocar menos pressão sobre si mesmo
- Estar mais presente consigo mesmo e com os outros
- Vivenciar mais eventos felizes e inesperados
- Enxergar o significado dos eventos da vida
- Tomar decisões com mais facilidade
- Preocupar-se menos com o futuro
- Tornar as coisas fáceis em vez de difíceis
- Desistir da necessidade de fazer muito esforço
- Sentir-se mais esperançoso
- Desistir de obrigações que não são proveitosas para você

- Sentir menos culpa ou vergonha
- Preocupar-se menos com o que os outros pensam
- Recuperar-se mais depressa do mau humor
- Confiar mais em si mesmo, nos outros e no mundo em geral
- Ser mais claro a respeito do que você quer e do que você não quer
- Dizer não sem sentir culpa

Quatro

Como o medo afeta a sua vida?

Uma das minhas clientes, uma empresária bem-sucedida de quarenta e poucos anos, me disse que acredita nunca ter sido feliz. "Tive dias felizes, como quando tirava férias ou passava um dia com alguém, mas tudo está sempre coberto por uma nuvem de descontentamento. Eu adoraria apenas relaxar e pensar que tudo vai ficar bem, mas nunca fui capaz de fazer isso."

É por isso que a oração é tão importante.

O medo nos mantém presos à infelicidade. Anos atrás, eu me senti como se estivesse aprisionada num saco plástico. Eu podia ver o que estava do lado de fora, e os outros podiam me ver, mas algo estava me restringindo. Era o medo – medo de ser eu mesma, medo de expressar os meus talentos, medo de deixar a minha luz brilhar.

Por que então o medo é tão predominante em nossa vida, e como ele nos controla tanto?

Aprendemos a ter medo desde o momento em que nascemos.

É bem verdade que existem muitos perigos neste mundo físico, e o medo atua como nosso protetor. Ele nos impede de nos colocarmos na frente de um veículo em movimento, nos avisa quando estamos com pessoas que poderão nos fazer mal, escolhe roupas que combinam em nosso guarda-roupa para que evitemos o ridículo e nos faz ir ao médico quando precisamos de cuidados médicos.

No entanto existe uma diferença entre tomar decisões inteligentes e viver a vida inteira se alimentando da Árvore do Medo. Ao contrário do amor, que o nutre e sustenta a sua vitalidade, o medo exaure a sua energia e diminui a alegria de viver.

Os pensamentos baseados no medo perpetuam uma ilusão.

Um Curso em Milagres diz que, neste mundo, há amor e há medo. Desses dois, apenas o amor é real, enquanto o medo é uma ilusão. Pode ser difícil entender esse conceito, a não ser que você olhe para ele da seguinte maneira: se você rastrear qualquer pensamento baseado no medo até as suas origens, você encontrará o mesmo medo básico: *não sou importante.* Mas como somos *todos* filhos de Deus, isso simplesmente não pode ser verdade. Você não pode ser uma extensão de Deus e não ter valor; é impossível. Sendo assim, todos os pensamentos baseados no medo se originam do nada, de uma ilusão. É por isso que até mesmo as mais profundas cicatrizes em nossa vida e em nossa sociedade podem ser curadas de uma maneira rápida e completa se nos concentrarmos no perdão em vez de permanecermos obcecados pelo medo.

Os pensamentos baseados no medo podem ser enganadores.

A nossa preocupação com os outros, por exemplo, pode parecer uma parte natural da circunstância de sermos pai, mãe ou um amigo. Porém preocupar-se significa negar Deus, e é disso que se ocupa o ego. Se acreditássemos de fato que tudo está acontecendo de acordo com um plano que não conseguimos compreender e que não precisamos controlar, nós não nos preocuparíamos. Teríamos paz de espírito – não proveniente da negação ou de uma maneira impotente, mas com força espiritual, cientes de que a nossa função é respeitar a nossa jornada e a jornada dos outros.

Às vezes, a preocupação com os outros, assim como a preocupação com nós mesmos, é o jeito do ego de dizer: "Está vendo? Sou uma pessoa agradável. Sou responsável. Sou prestativo" – quando isso, na realidade, é apenas uma forma de ocultar o fato de que estamos amedrontados. A preocupação com os outros não apenas torna o medo aceitável; ela o torna nobre. Mas eis a verdade: o interesse pelos outros é amor; a preocupação com eles é medo.

Somos dependentes do medo.

As pessoas que estão participando de um programa de 12 passos admitem que têm um problema e que são impotentes em relação a ele, de modo que entregam o problema a um poder superior.

Entretanto isso é apenas para aqueles que chegaram ao fundo do poço, certo?

Bem, quer saber de uma coisa? Todos nós chegamos ao fundo do poço. Somos todos dependentes do medo. Assim como nos estágios iniciais do programa de 12 passos, a oração entrega os nossos problemas a um poder superior que pode efetuar a cura que não somos capazes de realizar por nós mesmos.

Este é o caso de toda situação que se origina do medo, mas pode ser mais fácil de perceber nas situações de autossabotagem. O filho de 21 anos de uma amiga, por exemplo, passou várias semanas na cadeia no último ano por roubo e uso de drogas. Ele disse à mãe que deseja melhorar, e não entende por que continua a sabotar a si mesmo quando sabe que poderia fazer outras escolhas.

A resposta é o medo.

Sei que isso parece estranho; como poderia alguém ter medo de viver *dentro* da lei? Não faz mais sentido ter medo de ir para a prisão? Esse aparente paradoxo mostra a insanidade do ego. Enquanto você acreditar que não merece uma vida melhor, enquanto se sentir culpado e se repreender por causa

"A oração entrega
os nossos problemas
a um poder superior
que pode efetuar a
cura que não somos
capazes de realizar
por nós mesmos."

de transgressões passadas, continuará a tomar decisões baseadas no medo. E, às vezes, essas decisões podem levar você para a cadeia.

No caso do filho da minha amiga, todas as vezes que ele tenta fazer uma mudança positiva, o ego viciante o chama. Estar na prisão é apenas um reflexo de como ele aprisionou os próprios pensamentos. É por isso que ele, assim como todos nós, precisa da intervenção divina. Independentemente das nossas transgressões – desde magoar um ente querido até cometer assassinato –, empilhamos camadas de culpa, reforçando o medo em volta da nossa luz interior. Como está escrito em *Um Curso em Milagres*, não precisamos do perdão de Deus, porque nós já o temos; precisamos do nosso próprio perdão, com a ajuda do Espírito Santo.

Os pensamentos baseados no medo se expressam no corpo.

Sabemos que o estresse e a preocupação contribuem para a manifestação de doenças físicas e reduzem a capacidade de cura do corpo. No entanto, até começar a prática de pedir que meus pensamentos baseados no medo fossem curados, eu não havia me conscientizado do quanto o meu corpo estava absorvendo o medo e vivendo com ele.

Como a partir de então eu me tornei mais consciente dos meus pensamentos e de minhas experiências físicas, hoje sou capaz de sentir com que frequência meu estômago se contrai quando estou nervosa ou como os meus ombros se curvam quando estou estressada. Hoje consigo perceber quando o meu maxilar está cerrado e até mesmo quando os meus dedos do pé estão contraídos. Agora, algumas vezes por dia, entro em sintonia com o meu corpo, sinto quanto medo ele está carregando, relaxo e peço que todos os meus pensamentos baseados no medo sejam curados.

Eu sei que a oração é boa para a saúde mental e emocional. Não tenho dúvida de que ela também é benéfica para a saúde física.

Um enorme percentual dos nossos pensamentos baseados no medo antevê coisas que nunca acontecem.

Fazer a oração o tornará bastante consciente disso. Ao pedir que os seus pensamentos baseados no medo sejam curados, você pode ter certeza de que o que quer que esteja lhe causando medo irá embora. Isso talvez não aconteça de imediato, mas diminuirá com o tempo. Este é um bom lembrete do fato de que a lista de atribuições da sua vida não inclui a palavra "preocupação". Na realidade, a preocupação, em todas as suas inúmeras formas, é apenas outra tentativa do ego de usurpar o controle.

"A lista de atribuições da sua vida não inclui a palavra 'preocupação'."

Um enorme percentual de pensamentos baseados no medo diz respeito a minúcias, mas nós ampliamos esses pensamentos e os transformamos num enorme drama.

Creio que fazemos isso, em parte, para convencer a nós mesmos de que a nossa vida tem significado. Se eu tenho problemas, se estou muito ocupado, se necessito lidar com todas essas *coisas*, eu preciso ter valor. Tenho de ser importante. É isso que o ego diz para si mesmo. Contudo há uma frase em *Um Curso em Milagres* que diz que o nosso ego não é capaz de aceitar como é pouco o que precisamos fazer. Isso acontece porque nunca temos de provar que merecemos estar aqui.

Tampouco temos de combater os nossos medos, embora esse conceito ameace em alto grau o ego. Afinal de contas, todos amam um herói – o estudante universitário que tinha pavor da ideia de falar em público, mas superou o medo e fez um discurso comovente. Ou a menina de uma cidadezinha do interior que enfrenta o seu medo e abre um negócio de sucesso na cidade grande. Todos nós amamos este momento "Nós conseguimos!" de regozijo, o momento em que matamos os dragões dentro de nós mesmos e no mundo à nossa volta. Isso faz parte do drama humano. No entanto, embora superar e combater o medo possa formar o caráter, essas abordagens também tornam o medo real, reforçando a ideia de que somos, no íntimo, incompletos ou insuficientes.

Anos atrás, associei-me a um grande clube do Rotary International, do qual 95% dos sócios eram homens, e o qual estava repleto de líderes empresariais influentes e bem-sucedidos. Todas as vezes que eu participava de um dos almoços do clube, eu sentia que estava no lugar errado. Não estava usando um terno, não tinha conexões políticas e não dirigia uma organização multimilionária. Por fim, uma pessoa sábia me disse o seguinte: "Se você quer que eles a aceitem, comece por aceitá-los primeiro". Ahh. Eu tinha me focado interiormente em tentar superar o meu medo e me encaixar que deixei escapar o quadro global: o "problema" que eu estava tentando corrigir não existia.

Quando pedimos que os nossos pensamentos baseados no medo sejam curados, vemos que os dramas com os quais nos preocupamos – e os quais nós perpetuamos – são muito menos importantes do que imaginamos, e que a essência de quem somos importa muito mais. Não temos de provar a importância de nossa existência a ninguém. Essa consciência proporciona uma enorme paz de espírito.

Nosso medo cria exatamente aquilo que nos causa medo.

Tive um momento eureca certo dia, anos atrás, quando estava arrumando a minha cama, pensando numa coisa boa que havia acontecido na minha vida. Logo depois de ter esse pensamento, senti uma onda de medo.

"Quando pedimos que os nossos pensamentos baseados no medo sejam curados, vemos que os dramas com os quais nos preocupamos são muito menos importantes do que imaginamos."

Quando o outro sapato iria cair?* Naquele momento (não estou inventando isto), minha voz interior disse alto e claro: "Não existe outro sapato". E, ao mesmo tempo, ouvi um barulho no *closet* do meu quarto. Quando olhei, vi um sapato no chão. Ele, ao que tudo indica, havia desafiado as leis da física e se atirara para fora da sapateira apenas para dar o recado.

OK, entendi, eu disse para os meus botões e para quem quer que estivesse ouvindo. A partir daquele momento, o meu medo de que o outro sapato caísse desapareceu.

O fato é que o único "sapato" que existe é aquele que você cria com as suas expectativas. Se você pensar que uma coisa negativa irá ocorrer, você vai procurá-la, antevê-la, atraí--la, ampliá-la e colocá-la em sua linha de mira. Não se trata de um relâmpago enviado por um deus punitivo, e você não é vítima de um universo aleatório; trata-se apenas de uma convicção, um fruto da Árvore do Medo que cai com um baque sobre a sua cabeça.

Sendo assim, pense na possibilidade de que você talvez não esteja sendo punido, que não existe um cartão de pontuação que confronta os seus ganhos e as suas perdas. A liberdade

---

* "Wait for the other shoe to drop" (esperar o outro sapato cair) é uma expressão que significa estar preparado para a ocorrência de outro evento, que com certeza se seguirá ao anterior. Neste caso, seria necessariamente uma coisa ruim, já que uma coisa boa havia acontecido. (N.T.)

de desfrutar a vida está disponível para todos nós, mas, como em todas as outras coisas, primeiro temos que nos libertar das crenças que colocam obstáculos em nosso caminho.

O medo o mantém paralisado.

O medo é a razão pela qual, em vez de sair e realizar os nossos sonhos, nós apenas nos envolvemos com coisas secundárias – durante semanas, meses e até mesmo anos. O ego cria constantemente desculpas para impedir que sigamos em frente: *Não é o momento certo. Não tenho o equipamento adequado. Não sei o suficiente. Não tenho o diploma certo. Não tenho dinheiro bastante. Está chovendo.*

Em geral, todas essas desculpas são um código para uma coisa muito mais profunda: *Tenho medo de não ser bom o bastante.* Ou então, pelo contrário: *Tenho medo do meu próprio poder.* Por exemplo, conheço duas pessoas que demonstraram interesse pelo namoro na internet nos últimos dois anos. Uma delas pensou a respeito do assunto, pesquisou com muita minúcia o serviço que era adequado para ela, se inscreveu e, poucas semanas depois, conheceu alguém que se revelou bastante compatível com ela. A outra pessoa, um homem, vem pensando, planejando, lendo, falando a respeito – preparando-se – há mais de um ano. Isso pode ser o que ele na verdade precisa – tempo para processar na íntegra as suas intenções. Ou, então, isso pode ser um pretexto, com o seu

"Quando o pensamento baseado no medo é curado, você fica livre para avançar em direção ao seu desejo sem ser atrapalhado por obstáculos."

ego dizendo: "Vamos apenas fingir que estamos prontos para um relacionamento. Vamos fazer tudo que é necessário, mas sem nos inscrevermos de fato, para que possamos convencer a nós mesmos de que estamos fazendo progresso, embora tenhamos medo de encontrar alguém, ser feliz e crescer".

A pista em geral acontece quando alguém diz: "Oh, tenho estado tão ocupado que não pude tratar disso ainda". Usei essa desculpa durante anos em vários projetos. Estar ocupado demais é um engodo, uma desculpa aceita para "Tenho muito medo de fazer isso". Quando o pensamento baseado no medo é curado, você fica livre para vivenciar a clareza de propósito e avançar em direção ao seu desejo sem ser atrapalhado por obstáculos.

Desse modo, seja lá o que for – perder peso, exercitar-se regularmente, ser sincero a respeito do que você quer, assumir uma função de liderança, escrever um livro, começar o seu próprio negócio, manifestar-se, abandonar um relacionamento ou uma situação que não é conveniente para você –, se você disser o tempo todo "vou fazer isso" e continuar a planejar e se preparar, mas nunca concluir de fato o processo, é sinal de que *você provavelmente tem o medo em seu caminho*.

Os pensamentos baseados no medo são sedutores.

Eles são como as sereias da mitologia grega – belas mulheres insulares que cantavam músicas de encantamento e fascinação.

O único problema era que, quando os marujos conduziam o barco na direção dessas vozes magnéticas, eles naufragavam na costa rochosa.

Do mesmo modo, os pensamentos baseados no medo nos saúdam com falsas promessas de segurança:

"Ter um sonho é legal, mas se você o seguir, poderá fracassar. É muito mais seguro continuar a trabalhar neste emprego sem perspectiva de progresso porque nele, pelo menos, você tem um contracheque garantido."

"Sem dúvida, algumas pessoas neste bairro precisam de ajuda, mas é melhor não se envolver, porque, se o fizer, vai atrair problemas."

"Eu gostaria de sair e fazer alguns amigos, mas conhecer pessoas dá muito trabalho. De qualquer modo, eu provavelmente não encontraria ninguém de quem gostasse."

Todas as vezes que começamos a navegar em direção à alegria e à felicidade, o ego nos chama de volta. É por isso que precisamos da intervenção divina. A atração do ego é forte, estamos profundamente arraigados num condicionamento baseado no medo, e esse condicionamento é reforçado de minuto em minuto. Como resultado, precisamos de uma extraordinária disposição, de vigilância e empenho para nos livrarmos dele. É por esse motivo, graças a Deus, que temos o Espírito Santo.

O medo do lado de fora provoca medo do lado de dentro.

Apenas durante um dia, preste atenção em todas as mensagens baseadas no medo que você escutar. Essas mensagens o surpreenderão – tudo desde "Você tem chance de ser vítima de roubo de identidade!" a "Se você não tiver poupado 2 milhões de dólares para a sua aposentadoria quando tiver 50 anos, passará os seus últimos anos de vida nas ruas".

Você ouvirá estatísticas alarmantes – a respeito do câncer, de como é difícil encontrar um parceiro depois dos 40 anos, da probabilidade de ter um filho com problemas de dependência ou de perder o emprego. E há também a longa lista de sintomas (que em geral inclui a morte) que são efeitos colaterais dos medicamentos anunciados na televisão. Até mesmo conversas na sala do cafezinho ou em reuniões de família com frequência avançam em direção a um iminente colapso econômico ou à luta de um parente contra a doença de Alzheimer. E a mensagem subjacente é sempre a seguinte: "Isso poderia acontecer a você".

A questão é que uma vez que começamos a tornar a nossa mente vulnerável a mensagens de medo em nosso mundo exterior, vemos quanto elas estão entranhadas no que lemos, ouvimos, vemos e discutimos todos os dias, criando uma constante tendência oculta de instabilidade.

"Apenas durante um dia, preste atenção em todas as mensagens baseadas no medo que você escutar."

O medo nos impede de vivenciar a vida como a maravilhosa oportunidade que ela é.

Ele nos sintoniza com um canal no qual tudo parece assustador. O passado está repleto de culpa, vergonha e arrependimento. O futuro é desconhecido e poderá nos trazer qualquer coisa, desde a pobreza no final da vida ao desastre ecológico, ou até mesmo ambos. E quando gastamos muito tempo pensando em nossos temores do passado e nos receios com relação ao futuro, perdemos a visão clara da alegria disponível no momento presente.

O medo nos priva da doçura e da suavidade da vida que são possíveis quando temos paz de espírito. Quando estamos repletos de medo, podemos até mesmo estar no céu que não o reconheceremos pelo que ele é. Confundiríamos os anjos com os macacos voadores de *O Mágico de Oz*, estaríamos preocupados com a possibilidade de ficar queimados de sol e, no final, ter melanoma por causa de toda essa luminosidade. Consigo ouvir o seu ego gritando enquanto você está no portão do céu: "Espere", diria ele, "esqueci o meu protetor solar FPS 30!".

"Quando estamos repletos de medo, podemos até mesmo estar no céu que não o reconheceremos pelo que ele é."

Cinco

O que torna esta oração diferente?

Eis como rezamos na maior parte das vezes:

> *Por favor, faça o meu time ganhar.*

> *Por favor, faça minha mãe ficar boa.*

> *Por favor, proteja os meus filhos.*

> *Por favor, ajude-me a conseguir este emprego.*

> *Por favor, ajude-me a ganhar na loteria.*

Em outras palavras, estamos pedindo que alguma coisa ou alguém em nosso *ambiente externo* mude. Em contrapartida, pense sobre a seguinte oração:

Por favor,

cure

os meus

PENSAMENTOS

baseados no medo.

Com esta oração, você não está pedindo nenhuma mudança no mundo à sua volta. Você está pedindo que *você* seja reajustado, sabendo que o mundo à sua volta será, em consequência, reajustado.

Em outras palavras, isso é exatamente o oposto da maneira como rezamos na maior parte das vezes.

Talvez uma de suas orações seja mais ou menos assim: "Por favor, ajude-nos a conseguir o dinheiro para pagar a nossa hipoteca este mês". Fazer a oração poderá ajudá-lo a sentir que o fardo da hipoteca desse mês desapareceu. Porém o seu ego – a sua parte que se alimenta do medo – buscará novas preocupações financeiras para mantê-lo acordado à noite. *Mesmo que consigamos pagar este mês, o que vamos fazer no mês que vem? E se eu perder o emprego e a nossa renda diminuir? E se eu cair e quebrar o braço, e depois tivermos despesas médicas para pagar?* A oração lhe confere um alívio temporário, mas não muda nada *em você*, de modo que os seus antigos padrões permanecem intactos.

Em contrapartida, pedir "Por favor, cure meus pensamentos baseados no medo que tenho de não conseguir pagar minha hipoteca" também lhe proporciona uma sensação de alívio. No entanto, em vez de eliminar apenas esse fardo, esse pedido alivia a necessidade de recriar esse medo e se agarrar a ele. Essa oração cura o seu *desejo* de fardos, a sua dependência de pensamentos baseados no medo, deixando-o livre para viver sem esse medo e com mais paz de espírito. Como resultado, a sua situação financeira fica livre para melhorar. É isso que a torna tão diferente.

Quando você pede para estar em harmonia com o amor, tudo se torna possível. A sua vida começa a mudar. A forma do mundo muda porque então seu mundo passa a ser governado pelo amor, e não pelo medo. Os ruídos no painel começam a desaparecer porque você não mais acredita que os merece, ou que o seu destino seja a adversidade. A lama é eliminada da lanterna, e a luz brilha sem que nada obscureça a sua luminosidade.

Isso significa que tudo que está radicado no amor pode ser vivenciado em sua plenitude: harmonia, abundância, alegria, bem-estar e paz de espírito.

Isso acaba com a necessidade de conflito. O conflito sempre diz respeito a corrigir o problema, ser bom o bastante, bonito o bastante, competente o bastante, inteligente o bastante, ou encontrar a pessoa certa ou o emprego perfeito.

"Com essa oração, você está pedindo que você seja reajustado, sabendo que o mundo à sua volta será, em consequência, reajustado."

No entanto isso é simplesmente pedir que os nossos pensamentos sobre essas coisas sejam curados. Quando fazemos isso, a necessidade de que o problema exista é removida, junto aos obstáculos que nos impedem de experimentar a abundância e a alegria em todas as suas formas.

Os "problemas" ou as coisas que precisam ser corrigidas só existem como oportunidades para que aprendamos a ser mais amorosos, tolerantes e compassivos. Até mesmo o nosso corpo é apenas um veículo nesta vida e também oferece oportunidades para que aprendamos essas coisas.

Quando nos agarramos ao medo, ele nos deixa paralisados, nos sobrecarrega, nos retarda, confunde e maltrata, mesmo quando não achamos que o estamos direcionando para nós mesmos ou para o mundo que nos cerca. E, mesmo sem saber, nós o perpetuamos. O nosso ego o garante.

Desse modo, uma vez mais, não peça para que alguma coisa ou alguém seja corrigido ou curado. Peça para que os seus *pensamentos* sejam curados para que o amor possa substituir o medo.

"A causa do seu
medo está na sua
mente, não no
mundo exterior.
Assim, quando
você cura
essa causa,
o efeito é mudar o
mundo exterior."

Em vez de pedir para que o seu casamento seja remediado, peça para que os seus pensamentos baseados no medo relativo ao casamento e os pensamentos do seu cônjuge sejam curados.

Em vez de pedir para que a
sua situação financeira seja
remediada, peça para que
os seus pensamentos
baseados no medo relativo
ao dinheiro sejam curados.

Em vez de pedir para que o
seu corpo seja curado, peça
para que os seus
pensamentos baseados
no medo relativo ao seu
corpo sejam curados.

Em vez de pedir para
chegar em casa em
segurança, peça para que os
seus pensamentos baseados
no medo que você sente
durante o percurso para
casa sejam curados.

Em vez de pedir para tirar "10" na prova, peça para que os seus pensamentos baseados no medo relativo aos estudos e ao sucesso sejam curados.

Em vez de pedir para que o
seu bebê seja saudável,
peça para que os seus
pensamentos baseados no
medo relativo à saúde do
seu bebê sejam curados.

Percebe como isso funciona? Uma oração está pedindo para que o mundo exterior mude para fazer com que você seja feliz e se sinta seguro. A outra está pedindo que os seus pensamentos sejam curados. *E, como resultado, o mundo exterior mudará.*

A causa do seu medo está na sua mente, não no mundo exterior. Assim, quando você cura a causa, o efeito é mudar o mundo exterior.

O emocionante a respeito dessa oração é que ela funciona em todos os níveis.

Eu sei que isso pode parecer muito otimista, simplista, idealista ou apenas estranho para algumas pessoas.

Eis por que eu sei que funciona.

Nossa sociedade acredita no medo, de modo que quando apresentamos uma ideia que resolve o medo – que na realidade o dissolve, e não por uma ação nossa – ela parece impossível. Pensamento fantasioso, dirão alguns.

Eis o que uma mulher disse depois de usar a oração:

Na primeira vez que a usei, de repente, o medo desapareceu. Eu pensei "uau, isso foi simples". Ele simplesmente foi embora.

Quando continuei a fazer a oração, percebi que ela criava um espaço... possibilitava que eu tivesse um melhor entendimento do que o medo poderia ser, e talvez compreendesse uma ou duas causas. Nesse espaço, não senti o medo. Tudo pareceu claro apenas por pouco tempo.

Depois de fazer a oração durante duas ou três semanas, na vez seguinte em que o medo apareceu, ele não me seduziu – ou eu não o seduzi – porque eu havia experimentado o alívio neste espaço, e não foi um medo específico, ele teve um efeito de cura generalizado.

Se isso for pensamento fantasioso, tenho apenas uma coisa a dizer: que tenham início as fantasias.

Seis

Como se faz
a oração?

A oração é simples, mas encerra muita coisa, portanto vamos desmembrá-la.

Para quem você está rezando?

Esta pode parecer uma pergunta tola. As orações não são dirigidas a Deus? Ou a Jesus, à Virgem Maria, ao Criador, a Jeová, à Inteligência Divina, à Fonte ou a qualquer outro poder superior?

Eu responderia a essa pergunta com um enfático sim. Não gosto de discutir minúcias quando se trata de espiritualidade. Para mim, as suas crenças (ou a ausência delas) são uma questão pessoal e sagrada, e acredito que você dirigirá essa oração à entidade ou energia que é adequada para você. Na realidade, até mesmo conheço agnósticos e ateus que adotam a oração (embora não a chamem dessa maneira) porque reconhecem o seu valor psicológico num mundo no qual o pensamento baseado no medo é habitual.

Tendo dito isso, também vou contar por que, quando uso a oração, peço especificamente que o Espírito Santo esteja na extremidade receptora. *Um Curso em Milagres* diz que o

Espírito Santo é o comunicador entre nós e Deus. O *Curso*, na verdade, descreve o Espírito Santo de inúmeras maneiras. Ele diz que Ele nos ensina a diferença entre dor e alegria. "Ele leva a luz da verdade para a escuridão e deixa que ela brilhe sobre você." E o *Curso* diz que o Espírito Santo "parece ser uma Voz, pois é nessa forma que Ele pronuncia a Palavra de Deus para você. Ele parece ser um Guia em meio a um país distante, porque você precisa dessa forma de ajuda".

Ele também diz que a vingança – ou qualquer outra forma de medo – não pode ser compartilhada porque cria divisão e separação. "Entregue-a, portanto, ao Espírito Santo", diz o *Curso*, "que a anulará em você porque o lugar dela não é na sua mente, que é parte de Deus."

É por isso que eu rezo para o Espírito Santo. Ao mesmo tempo, não tenho medo de que as nossas orações não sejam ouvidas, não importa o nome que invoquemos. Quando as orações procedem de corações amorosos, com certeza o coração de amor as recebe.

As palavras específicas são importantes?

Não digo que você deva com frequência fazer alguma coisa de um determinado modo, em particular quando se trata da espiritualidade, mas creio que as palavras fazem diferença, e o aconselho a fazer a oração da seguinte maneira:

Por favor,

cure

os meus

PENSAMENTOS

baseados no medo.

Eis o motivo:

Depois do dia do Honda CR-V, comecei a usar a oração sempre que surgiam pensamentos baseados no medo (o que significava o tempo TODO). Eu me vi dizendo: "Por favor, *ajude-me* a abandonar os meus pensamentos relativos a..." ou "Por favor, *deixe-me liberar* os meus pensamentos baseados no medo relativos a...".

Essas escolhas de palavras podem parecer secundárias, mas não são. Se eu estou pedindo ao Espírito Santo para *me ajudar* a abandonar o meu medo ou liberar os meus pensamentos baseados no medo, então estou pedindo para que *eu* seja parte da solução. E o fato é que eu não posso ser. Não posso resolver o problema com a mesma mente que o criou. Isso é simplesmente o ego de 2 anos de idade tentando uma vez mais se impor.

A nossa experiência humana é uma história na qual existem heróis e vilões, o amor não é correspondido e as pessoas têm convicções do tipo "não há bônus sem ônus". Vemos inúmeras versões dessa história representadas repetidas vezes até que o drama pareça natural e inevitável. Desse modo, é compreensível que vários tipos de medo penetrem em nossa mente e se instalem por um longo período, colocando os pés no sofá, pegando tudo o que encontram na geladeira e recusando-se a arrumar a bagunça que fizeram. Por mais irritantes que sejam, eles se tornaram tão familiares que nem mesmo sabemos que poderíamos viver sem eles. E eis o mais importante: o ego não quer que descubramos isso.

Há uma razão pela qual a oração não é "Por favor, *me ajude* a curar esses pensamentos baseados no medo". Por quê? Porque quase todos nós somos péssimos em remover o medo. Precisamos que isso seja feito para nós. Na realidade, a nossa função é sair do caminho, mas isso não significa abandonar o dever, e sim admitir que os nossos pensamentos são o problema. Se tentarmos corrigir os nossos pensamentos baseados no medo com mais pensamentos baseados no medo, eles ficarão apenas girando em círculos, nos darão mais uma vez um tapa no rosto e jogarão no chão um saco vazio de batata frita.

Por que as palavras "baseados no medo"?

Porque essas palavras lançam uma ampla rede, conscientizando-nos dos numerosos pensamentos que estão radicados no medo.

Se a oração fosse "Por favor, cure os meus pensamentos apreensivos", poderíamos nos limitar a ameaças que *sabemos* temer, como sustos referentes à saúde e coisas que fazem barulho à noite.

No entanto, como já vimos, embora os pensamentos baseados no medo estejam radicados no medo, não pensamos necessariamente neles como se surgissem do medo. A raiva, por exemplo, resulta sempre de algo dentro de mim que não se sente completo, e como diz *Um Curso em Milagres*, ela nada mais é do que uma tentativa de fazer outra pessoa se sentir culpada para que eu possa me sentir melhor. Talvez gritar me faça me sentir mais poderosa no momento, justificada ou moralmente correta, mas quando esse sentimento desaparece – o que com certeza acontecerá –, volto ao medo original: não sou suficiente. Ao usar o termo "baseados no medo", você descobrirá que uma quantidade maior do que imaginava cairá nesse cesto.

Além disso, o termo "pensamentos baseados no medo" reconhece que, não importa o tamanho do medo, ele é apenas um pensamento, e os pensamentos podem ser modificados. O medo não se origina do mundo fora de você; ele toma forma dentro da sua mente – *e depois molda o mundo como você o conhece.*

Sem a ajuda do Espírito Santo, você é como uma lâmpada que tenta acender a si mesma. Se ela não for conectada à energia, nenhum número de tentativas funcionará. Ela se impacientará, se retorcerá e xingará o fio elétrico, ficando cada vez mais frustrada até se convencer de que a luz não é mais uma possibilidade. No entanto, se a conectarmos à parede de onde ela pode extrair a sua fonte de energia, essa frustração logo desaparecerá, pois então ela poderá permanecer num estado iluminado.

"O termo 'pensamentos baseados no medo' reconhece que, não importa o tamanho do medo, ele é apenas um pensamento, e os pensamentos podem ser modificados."

Não existe nenhum valor inerente na experiência de qualquer forma de medo. Deixá-la para trás é o mesmo que não deixar nada para trás. Não fique preso à ideia de que você "deveria" estar sentindo medo e frustração na sua vida para sentir-se plenamente vivo. Este é um truque do ego, e a ideia de que podemos liberar o medo por completo sem a ajuda do Espírito Santo também é.

Sete

Preste atenção aos seus pensamentos

Nos dias que se seguiram ao episódio do Honda CR-V, eu me comprometi a tornar a oração a minha prática espiritual. Decidi que pediria a cura todas as vezes que detectasse um pensamento baseado no medo. Acabei fazendo a oração o dia inteiro.

Eu achava que estava muito sintonizada com os meus pensamentos, mas quando comecei a me conscientizar dos pensamentos baseados no medo assim que eles surgiam, compreendi quanto eles eram predominantes. Eles assumiam formas intermináveis, e nunca paravam. Por exemplo:

- Dei um espirro. Será que estou ficando resfriada? Não posso me dar ao luxo de pegar um resfriado.
- Bob está atrasado. Será que ele está bem? Será que a chuva está começando a ficar congelada nas estradas?
- A luz do óleo acendeu no painel. Quanto tempo já faz que eu troquei o óleo? E se o nível estiver baixo e eu tiver danificado o motor?
- Precisamos levar os gatos do celeiro para ser castrados antes que seja tarde demais.
- Por que sempre sou eu que tenho de tirar as coisas da lava-louça?

"Ao pedir que os seus pensamentos baseados no medo sejam curados, um novo espaço é criado dentro da sua mente."

Esses pensamentos são, ao que tudo indica, benignos. Nada de raiva ou grandes problemas. Apenas frustrações, insatisfações e culpas corriqueiras etc. E essas coisas com as quais convivemos o tempo todo, não é raro termos consciência delas.

Outros pensamentos sensibilizam os nossos medos mais profundos, como:

- Será que um dia vou encontrar um parceiro na vida? Como poderei encontrar alguém que me ame se não sou digno de amor?
- A vida é uma luta constante, e não vejo nenhuma saída.
- Estamos financeiramente no limite. E se perdermos tudo?
- Não pareço conseguir fazer ninguém feliz, e o mundo está em franca decadência. Afinal, qual o sentido da vida?

Quando nos conscientizamos dos nossos pensamentos, podemos pedir que eles sejam curados. É por isso que é importante prestar atenção neles. Somente quando você sabe o que está pensando é que é capaz de enxergar o impacto negativo que os pensamentos baseados no medo têm na sua vida. Você pode então pedir a cura.

Quando me dei conta de que a minha mente era MUI-TO mais tóxica do que eu havia percebido, aproximei-me dela do jeito que eu me aproximaria de um jardim cheio de ervas daninhas: arrancando-as uma por uma e também usando uma abordagem abrangente.

Quando eles surgiam, eu dizia a oração. "Por favor, cure este pensamento baseado no medo." E depois, de vez em quando, eu introduzia um

Por favor,

cure

todos os meus

PENSAMENTOS

baseados no medo.

Eu estava sem dúvida nenhuma em constante contato com o Espírito Santo... Era como falar ao telefone o dia inteiro. E todas as vezes que eu achava que poderia desligar por algum tempo... outro pensamento baseado no medo aparecia.

Como pode ver, isso requer que você preste muita atenção aos seus pensamentos, algo que pode ser fácil – ou não. Percebi que, quando nos sintonizamos de fato com os nossos pensamentos, podemos descobrir uma longa lista de honra do fluxo de consciência de medo, irritação, negatividade e estagnação, repetindo sem parar as mesmas ideias.

Usar essa oração não envolve o pensamento positivo, a negação ou fingir que "coisas ruins" não têm importância. Usar essa oração diz respeito a pedir de uma maneira autêntica e humilde que a sua mente seja curada, diz respeito a se libertar da mentalidade egoica que deseja desesperadamente mantê-lo paralisado e amedrontado.

Então, como prestar atenção aos seus pensamentos se você não está acostumado a isso? Comece por passar um minuto se sintonizando, prestando atenção na tagarelice da sua mente. Tente ouvir os pensamentos que fazem com que a sua mente pareça um fliperama – aqueles que resvalam pelas laterais e voltam, repetidamente ricocheteando.

"Usar esta oração diz respeito a pedir de uma maneira genuína e humilde que a sua mente seja curada."

Várias técnicas podem ajudá-lo a se concentrar no que está dentro da sua cabeça.

Experimente fazer anotações num diário – sente-se com papel e caneta (ou diante do computador) e registre tudo que passar pela sua cabeça durante cinco ou dez minutos.

Vá dar um passeio sozinho e sintonize-se com os seus pensamentos.

Ou então desligue o rádio enquanto estiver dirigindo e preste atenção no que estiver pensando.

Faça também uma verificação em momentos importantes do dia:

Quais são os seus primeiros pensamentos pela manhã e os últimos que você tem à noite?

O que você está pensando quando sai de casa ou volta para casa?

O que passa pela sua cabeça quando você está sozinho?

E quando está com outra pessoa?

Você não precisa julgar esses pensamentos ou tentar modificá-los. Apenas conscientize-se deles como se estivesse vendo um desfile passar. *"Veja só – outro pensamento baseado no medo relativo a dinheiro."*

E se você não tiver certeza de que um pensamento é baseado no medo ou não, faça este teste bem fácil. Pergunte a si mesmo: *Este pensamento faz com que eu me sinta leve e livre, ou com que eu me sinta pesado e cansado?* Com esse teste, quase todos os pensamentos baseados no medo se revelarão como são de fato.

Você também pode prestar atenção em seu corpo. Talvez você não tenha consciência do pensamento, mas esteja consciente do medo constante que sente no estômago. Este é um sinal bastante confiável.

Na verdade, a maioria de nós não passa o dia preocupada com um desastre nuclear. Em vez disso, a nossa cabeça vive cheia de pensamentos relativos a pagar a conta do gás ou ficamos pensando se vamos desapontar alguém com quem nos importamos.

A constante irritação proveniente desses temores mais rotineiros é como a etiqueta áspera nas costas de um suéter que arranha a sua nuca o dia inteiro. Na realidade, você só se dá conta do quanto está incomodado quando chega em casa, arranca o suéter e o joga na cesta de roupa suja, perguntando-se por que estava de mau humor nas doze horas anteriores.

No entanto, quando estamos nesse estado de irritação inconsciente e surge um problema maior, não temos as reservas emocionais necessárias para lidar com ele. Ou então reagimos com exagero a qualquer aborrecimento.

À medida que for conseguindo se sintonizar melhor com os seus pensamentos, você se tornará mais consciente das maneiras pelas quais o medo afeta a sua psique e de como você toma decisões baseadas no medo sem nem mesmo perceber que está fazendo isso.

Recentemente, por exemplo, um jovem casal comprou uma casa nova. Empolgados por terem adquirido a sua primeira casa, eles levaram para lá a última parte da mudança e depois saíram com o filho de 1 ano para comemorar. Mais tarde, naquela noite, quando voltaram para casa, descobriram que ela havia sido assaltada. Os ladrões levaram vários objetos insubstituíveis, entre eles, dois banjos folclóricos únicos. Até mesmo algumas roupas do bebê tinham sido levadas.

Eles começaram a perguntar a si mesmos e a Deus por que isso havia acontecido. Tinham feito alguma coisa errada? Tinham atraído aquilo de alguma maneira? Estavam sendo punidos por ficarem tão empolgados com a casa? Em outras palavras, ao mesmo tempo que queriam atacar os ladrões, eles agrediam a si mesmos baseados em culpa e acusações.

Esta é uma reação comum baseada no medo, que comunica a evidência do ego de que o mundo é um lugar assustador e perigoso, um lugar onde não podemos confiar em ninguém. Porém a mensagem mais insidiosa é a seguinte: "Está vendo? Você estava empolgado e feliz com a nova casa, e veja o que aconteceu!". Com isso, um pedaço de você decide que alegria atrai a punição. Esse é o ego assustado falando.

Quando você escuta esse ego amedrontado, passa a desconfiar de todo mundo e nunca se permite sentir-se plenamente feliz. Nesse ponto, ocorre a última ironia: você acha que se protegeu do dano, mas na realidade encarcerou a si mesmo.

"Pergunte a si mesmo: este pensamento faz com que eu me sinta leve e livre, ou com que eu me sinta pesado e cansado?"

Ao pedir que os seus pensamentos baseados no medo sejam curados, você começa com uma lousa em branco. Um novo espaço é criado dentro da sua mente e, nesse momento, você muda todo o seu futuro, porque deixa de ser definido pelo persistente medo do passado.

Oito

O que você pode esperar quando iniciar?

A sua experiência com a oração será tão exclusiva quanto você é. Quando você começar a fazê-la, poderá perceber algumas mudanças instantâneas em seus medos ou nas circunstâncias externas, ou poderá simplesmente não perceber nada. Não existe uma programação, um projeto, uma maneira específica de fazer isso. Apenas comece a observar os seus pensamentos e fazer a oração, e veja o que acontece.

Sabendo disso, tenha consciência de que algumas coisas *podem* acontecer a você. Uma vez mais, abandone as expectativas e torne-se uma testemunha. E comprometa-se a fazer a oração regularmente pelo menos durante duas semanas antes de avaliar a sua experiência com ela.

No início você pode ficar empolgado com o processo e depois experimentar uma rápida queda no entusiasmo.

Isso acontece porque a oração sensibiliza o seu Eu superior, que percebe o valor dela e sabe que ela fará diferença com o tempo. Mas o estridente ego de 2 anos de idade, cuja voz abafa sem esforço o silencioso Eu superior, se coloca diante de você e diz: "Não tão rápido!". O seu ego oferecerá todo tipo possível de resistência. Ele tentará fazer com que você se esqueça da oração, a ridicularizará e lhe dirá que ela não está funcionando. Ele tentará fazer com que você caia no sono ou pegue uma gripe fortíssima. Ele tentará fabricar crises enormes de conflito. Criará uma sensação opressiva de ansiedade ou fracasso exatamente quando você achar que as coisas estiverem melhorando em sua vida. Ele usará todos os instrumentos da sua caixa de ferramentas para fazê-lo pensar que isso é um desperdício de tempo idiota e inútil *por causa de todas as coisas de que você tem medo.* O seu ego tem medo de que os seus relacionamentos mudem – que você encontre o amor da sua vida, que termine um relacionamento pouco saudável ou que sinta mais paz com as pessoas à sua volta. O seu ego tem medo de que você pague as suas contas e aumente o valor da sua poupança. Tem medo de que você realize o seu propósito na vida. Tem medo de que você não preste atenção nele, que ele deixe de ficar no controle. Acima de tudo, ele tem medo de que você cresça e seja feliz de verdade.

Então, o que você deve fazer se der consigo resistindo à oração? Diga-a de qualquer maneira. Escreva a oração e prenda-a no painel do carro. Escreva-a no espelho do banheiro. Coloque-a ao lado da cama para que seja a primeira coisa que você veja ao acordar de manhã e a última que você veja ao se deitar à noite. Ou então, como fez uma mulher, escreva-a em dezenas de tiras de papel e afixe-as na casa inteira.

Independentemente do que o ego lance no seu caminho, é fundamental que você continue a fazer a oração, que continue pedindo para que os seus pensamentos baseados no medo sejam curados. Lembre-se de que usar a oração é uma prática, não uma fórmula mágica.

Você poderá encontrar novas razões para usar a oração todos os dias.

À medida que o seu dia for passando, sempre que você estiver prestes a iniciar uma nova atividade, pare por um momento e diga: "Por favor, cure os meus pensamentos baseados no medo". Você pode estar indo para uma reunião, planejando uma conversa importante com um membro da família ou apenas entrando no carro para resolver um assunto. Independentemente do que seja, respire fundo e peça que os seus pensamentos baseados no medo sejam curados. Se você fizer isso com regularidade, descobrirá que os sentimentos de estresse, preocupação ou ansiedade diminuirão, e você viverá os seus dias com maior paz de espírito.

Você poderá ficar surpreso com as mensagens de medo vindas de fora de você.

Você começará a se sintonizar e ouvir a tagarelice do mundo de uma maneira diferente, inclusive o noticiário noturno, as

"A tagarelice mental é, em grande medida, formada pelo medo. Continue a usar a oração, e o maremoto de pensamentos baseados no medo pouco a pouco se aquietará."

manchetes na internet e as fofocas vindas do cubículo ao lado. Você poderá ficar surpreso com a dieta dramática que vinha fazendo sem nem mesmo saber, e poderá decidir limitar a sua exposição aos pensamentos e ensinamentos baseados no medo.

Você poderá ficar surpreso com as mensagens de medo vindas de dentro de você.

Você verá que a tagarelice mental é em grande medida formada pelo medo. Você poderá se conscientizar do quanto era dependente dela e do quanto os pensamentos são tóxicos. No início, quando os pensamentos baseados no medo parecerem inexoráveis, você poderá ter a impressão de que está tentando limpar o oceano com uma vassoura. Continue a usar a oração, e o maremoto de pensamentos baseados no medo pouco a pouco se aquietará.

Você poderá ver luz onde achava que havia escuridão.

Em todos esses anos que venho trabalhando com pessoas nos cursos de crescimento pessoal, ouvi muitas fazerem de alguma maneira a seguinte pergunta: "E se eu olhar dentro do meu coração e ele estiver cheio de cobras e escuridão?". A minha resposta é a seguinte: "Invariavelmente, se você olhar dentro do seu coração, encontrará pombos e luz". Tememos o processo de autodescoberta porque o nosso ego nos convenceu de que nós *somos* os nossos pensamentos baseados no medo. Porém, quando esses pensamentos são curados, a nossa essência como filhos de Deus é revelada. Quando você começar a usar a oração, colocará a chave na fechadura de uma porta que o atemoriza, mas mantenha os olhos abertos; você ficará maravilhado com a beleza que existe do outro lado dessa porta.

O seu ego poderá configurar uma hierarquia de pensamentos baseados no medo.

Ele poderá começar a lhe dizer, por exemplo, que o medo relativo a uma criança doente é importante, mas que se esquecer do nome de uma pessoa numa festa não é tão relevante. No mundo exterior, existe uma diferença, mas interiormente, ambos os fatos interferem em sua paz de espírito.

Do mesmo modo, o ego transformará a angústia numa competição, como em: "Ninguém jamais sofreu tanto quanto eu. Ninguém pode saber quanta dor eu suportei". A verdade, é claro, é que todo mundo passa pela perda, por doenças, reveses financeiros, problemas com entes queridos, desastres naturais e por uma série de outros desafios. Agarrar-se aos conflitos como uma insígnia de honra é outro estratagema do ego para fazer com que você se sinta isolado, importante e imobilizado.

Se você começar a descartar os medos porque eles não são importantes o bastante – ou porque eles são maiores do que os de qualquer outra pessoa –, lembre a si mesmo que eles são opiniões do ego. A sua meta é a paz de Deus, portanto qualquer coisa que se coloque entre você e essa paz está pronta para a cura.

Você pode se sentir desorientado.

Lembre-se de que o ego é como uma criança assustada. Usar essa oração é como começar as lições diárias do "Livro de Exercícios para os Alunos" que faz parte de *Um Curso em Milagres*. As lições são concebidas para afrouxar o seu apego a tudo que você ache que encerra significado na sua vida e esvaziar o seu velho sistema de crenças para que o amor possa substituir o medo.

Anos atrás, entrevistei estudantes num seminário para um projeto de atividade literária. Eles descreveram um processo semelhante, no qual as suas antigas convicções eram apagadas para que eles pudessem criar um sistema de crenças que fosse autêntico para eles. Observei um padrão interessante entre eles. Os alunos do primeiro ano eram otimistas. Os do terceiro ano eram sábios. No entanto os alunos do segundo ano davam a impressão de que o seu cachorro havia acabado de levar um tiro. Nesse estado de limbo entre as antigas crenças e as novas, eles estavam se sentindo perdidos e desorientados.

"A única maneira de curar antigas feridas é reconhecê-las, não encarcerá-las."

Você talvez não vivencie nada tão dramático, mas como a oração é uma completa ameaça para o ego, não fique surpreso se essa parte sua começar a ter acessos de mau humor cada vez mais estridentes. Isso o afetará em muitos níveis: espiritual, mental, emocional e físico. Você poderá se sentir cansado, desidratado e zonzo. No entanto, por mais desagradável que isso possa ser, é um bom sinal. Cuide bem de si mesmo e continue a fazer a oração.

O seu coração poderá se abrir.

Esse processo poderá liberar emoções e mágoas passadas que você não quer sentir, motivo pelo qual o ego mantém o seu coração fechado. Ele acha que, dessa maneira, o está protegendo. Porém a única forma de curar antigas feridas é reconhecendo-as, não aprisionando-as. Na realidade, desde que o ego mantenha as emoções encarceradas, você será mantido refém. Permita-se admitir as mágoas para que elas possam ser curadas, e você encontrará paz de espírito do outro lado.

O seu ego poderá criar novas formas do mesmo problema.

Por exemplo, Marilyn está casada há mais de vinte anos e sente-se frustrada com o marido. Ela sente que ele critica o seu peso, a sua inteligência, a maneira como cozinha – praticamente tudo

"Podemos buscar a origem da maioria dos pensamentos baseados no medo na culpa, na vergonha e no autojulgamento...

... todos os quais

nos isolam das

nossas partes

mais exclusivas e

vibrantes."

a respeito dela. Quando conversamos sobre a causa fundamental do problema, e quanto era importante para ela valorizar-se mais, pude perceber uma expressão particular nos seus olhos. Era o olhar do ego dizendo: *"Ho-ho. A quem mais posso atribuir a culpa deste problema?"*. Ela começou no mesmo instante a falar sobre uma irmã que se recusa a escutá-la e que faz com que ela se sinta invisível. É o mesmo problema numa forma diferente.

Quando você começar a usar a oração, o seu ego insistirá mais do que nunca para que você procure fora de si mesmo a fonte do problema, alguém em quem você possa jogar a culpa – exatamente como eu fiz no dia do CR-V quando quis atribuir a culpa dos ruídos ao gerente da oficina ou a Bob.

Você poderá sentir que um novo espaço se abre dentro de você.

Muitas pessoas me dizem que quando fazem a oração pela primeira vez, o seu cenário interior muda no mesmo instante. Certa mulher – uma pessoa que escuta *muito* Deus – declarou que, quando fez a oração pela primeira vez, ouviu o Espírito dizendo para ela: "FINALMENTE. Agora poderemos fazer algumas coisas de fato!".

Outra mulher, que mora no México, sentiu-se tão inspirada e livre pela oração que se sentou e começou a escrever uma autobiografia que estivera em gestação durante anos. "Sempre tive medo da humilhação, da rejeição e do ridículo", diz ela. "Convivi com eles a vida inteira. Desse modo, aqui está meu desafio de me expor e correr o risco. Eu me sinto de verdade em paz com isso."

E uma mulher do estado de Montana fez o seguinte comentário a respeito da oração: "Ela me acalmou quando me senti agitada e me concedeu repouso quando despertei do sono. Eu a afixei no meu local de trabalho e na minha casa, e tenho o maior prazer em compartilhá-la com aqueles que demonstram precisar desse auxílio".

Você poderá experimentar um novo nível de autoaceitação.

Podemos buscar a origem da maioria dos pensamentos baseados no medo na culpa, na vergonha e no autojulgamento, todos os quais nos isolam das nossas partes mais exclusivas e vibrantes. É preciso coragem para ser tudo o que você é num mundo que é governado pela conformidade, motivo pelo qual a oração pode ser a ferramenta que o tornará livre. Você poderá se sentir atraído por uma carreira que ninguém espera. Ou um talento que você manteve oculto. Ou uma maneira de expressar por meio das roupas ou da música que você nunca revelou. Ou um segredo a respeito do abuso que você nunca contou para ninguém. Ou uma orientação sexual que você teme que o afaste da sua família ou dos amigos. Pergunte a si mesmo: *Que parte de mim mesmo eu mantive em segredo?*

Em seguida, peça que os seus pensamentos baseados no medo relativo a isso sejam curados. No início, você poderá vivenciar breves momentos de recuperação, como se o seu oxigênio tivesse sido restaurado. Continue a usar a oração até que esses momentos se transformem em longos alentos de autoconsciência e amor.

Nove

O que acontece ao longo do tempo?

Pedir para que os seus pensamentos baseados no medo sejam curados tem um efeito cumulativo. Não apenas você vivenciará mais paz de espírito, como também a sua tolerância com relação aos pensamentos baseados no medo poderá diminuir. Quando esses pensamentos surgirem, será mais fácil reconhecê-los, pedir para que eles sejam curados e mudar o seu foco para pensamentos amorosos, para que você possa sentir mais alegria, abundância e bem-estar.

O que mais você pode esperar depois de ter usado a oração durante algum tempo?

A paz de espírito se tornará o seu único objetivo.

Isso contraria sem rodeios tudo o que o medo nos ensina ou quer que acreditemos. O nosso ego quer que pensemos que para ser felizes precisamos daquela casa, daquele carro, daquele iPad, daquele *seja lá o que for*, de modo que nos esforçamos, trabalhamos, treinamos, trapaceamos e bajulamos para comprar as coisas das quais acreditamos precisar. E no que diz respeito ao amor, as coisas podem ser de igual modo distorcidas. Uma vez que crescemos ouvindo histórias de tragédia romântica, podemos achar que o amor só é real quando é frágil ou complicado.

Na realidade, somos de certa maneira bombardeados por mensagens que nos dizem que a nossa meta é ser promovidos... ou ser considerados bem-sucedidos... ou competir bem... ou vencer... ou ter mais coisas em nossa garagem do que as pessoas que moram mais adiante em nossa rua. Nós *não* somos bombardeados por mensagens que dizem: "E se você simplesmente procurasse a paz de espírito?".

Quando esse pensamento entra pela primeira vez na sua consciência como uma verdadeira possibilidade, o seu ego pode dizer: "*Isso* é muito chato". Mas quando você começa a considerar com seriedade a perspectiva de ter paz de espírito, você descobre que é nela que reside a sua força e a verdadeira felicidade. Você passa a ter um estado interior de bem-estar que não é mais determinado pelo que você tem ou por quem você conhece, e começa a se sentir impermeável ao medo – não por ter erguido barreiras diante do perigo, mas por ter demolido as barreiras diante do amor.

Ironicamente, nesse lugar, tudo que você vinha buscando no mundo exterior poderá aparecer. O amor da sua vida, o emprego perfeito, o bem-estar físico, a estabilidade financeira, a clareza com relação ao sentido da sua vida – todos estão livres agora para fluir para a sua vida porque, ao pedir que os seus pensamentos baseados no medo sejam curados, você não precisa mais da lição, e os ruídos desaparecem.

Você verá mais beleza no mundo.

Imagine que você esteja num jardim japonês repleto de árvores bonsai, vegetação exótica e passarelas graciosas sobre riachos tranquilos. Imagine agora que alguém levou o cachorro para passear no jardim e deixou um monte de fezes na grama. O seu ego quer que você se concentre no monte, porque isso o fará ficar zangado por causa do ocorrido. "Quem pode ter profanado este lugar?", perguntará o seu ego. "Alguém poderá pisar ali. Deveria haver uma lei referente a essas coisas!"

Nesse meio-tempo, ao mesmo tempo que você está ficando cada vez mais irritado e começando a canalizar a raiva da Árvore do Medo, dezenas de pessoas estão perambulando pelo jardim japonês, focando a atenção na qualidade requintada dele.

Essa é a sua escolha na vida. O ego quer que fiquemos colados no monte de fezes, alheios à beleza do mundo à nossa volta. Na realidade, quando a atenção é desviada por uma árvore florida ou por um raio de luz num arbusto cheio de flores, o seu ego o atrai imediatamente de volta com outro motivo para que você fique aborrecido com o monte diante de você.

Mas quando você pede para que os pensamentos baseados no medo sejam curados, o feitiço do ego é quebrado e você fica livre para vagar pelo jardim. Um faxineiro poderá vir limpar o monte de fezes, ou você mesmo talvez o jogue fora. Em qualquer caso, o monte não terá nenhum poder sobre você. Por que ele teria? Você estará ocupado desfrutando a beleza que estava presente o tempo todo.

Você se abrirá para o divino.

Um homem que estava tendo problemas financeiros começou a usar a oração e descobriu que era mais capaz de "tentar ouvir quais as melhores providências que posso tomar". O uso sistemático da oração acalma a mente, de modo que você não apenas consegue prestar atenção, mas também passa a ser capaz de ouvir e discernir ações provenientes do amor e não do medo – em outras palavras, ações que o ajudarão a expandir o amor e oferecê-lo ao mundo.

Você viverá com mais simplicidade e terá mais surpresas.

As situações da vida se resolverão sem nenhum esforço de sua parte, lembrando a você que, como o medo não está atrapalhando o seu caminho, você está livre para vivenciar o fluxo natural de abundância e tranquilidade do universo. Talvez você tenha tido esse tipo de experiência no passado. Você acha

"O uso sistemático da oração acalma a mente, de modo que você passa a ser capaz de ouvir e discernir ações provenientes do amor e não do medo."

que está atrasado para um compromisso, mas descobre que a pessoa com quem vai se encontrar ficou presa no trânsito e chegou ao mesmo tempo que você. Ou então você precisa de dinheiro para fazer um curso que você não tem condições de pagar, e ele aparece da maneira mais inesperada. Uma mulher encontrou duas notas de 100 dólares dentro de um livro que ela tinha comprado num sebo. O livro havia ficado numa prateleira da sua casa durante um ano, e ela já tinha lido a metade dele quando as notas caíram na sua frente. Ela gastou o dinheiro inesperado num curso de redação que ela tinha vontade de fazer e que proporcionou uma profunda mudança no rumo de sua vida. Essas ocorrências de acasos fortuitos se multiplicarão à medida que você for dizendo a oração, afirmando que tudo é possível com o amor.

Você poderá vivenciar outros caminhos para a cura.

Como a oração o conduz a um lugar de maior paz e harmonia, praticá-la torna outros tipos de cura possíveis. É semelhante a quando você tem uma enxaqueca e não consegue pensar com clareza. Quando a enxaqueca vai embora, você passa a ter mais clareza, as decisões ficam mais fáceis e você consegue enxergar as coisas como elas são.

Acalmar a dor, aquietá-la e sentir que ela foi embora possibilita que você relaxe na sua vida e tome decisões baseadas numa posição muito diferente do que quando a dor está forte, enchendo a sua mente de desconforto.

Você se libertará ao abdicar do controle.

Gastamos uma quantidade imensa de energia tentando controlar os nossos relacionamentos, os nossos empregos, a nossa saúde, as nossas finanças, as nossas listas de coisas a fazer – basicamente, o mundo que nos cerca. Além de ser exaustivo, isso nos mantém aprisionados no medo crônico de que, se dermos uma trégua, as coisas degringolarão. E o que acontecerá se tudo desmoronar de fato à nossa volta? Nós nos sentiremos culpados, achando que falhamos. O ciclo do medo se acelera com rapidez.

É por esse motivo que os momentos fundamentais em que "entregamos os pontos" com frequência acontecem numa ocasião de crise. Podemos enfrentar uma doença letal, um divórcio, uma falência ou outra circunstância com consequências por toda a vida. Ou talvez cheguemos apenas ao ponto em que compreendamos que não somos poderosos e não estamos no controle, e nos cansemos de fingir que somos. Nesse momento, podemos por fim nos voltar para Deus e pedir ajuda.

Um Curso em Milagres contém um trecho maravilhoso a respeito do motivo pelo qual batalhamos tanto pela ilusão de que temos o controle – e do que descobrimos quando, finalmente, nos entregamos. Eis o que diz o trecho: "... você acredita que, sem o ego, tudo seria caótico. No entanto, eu lhe asseguro que, sem o ego, tudo seria amor".

Peça para que os seus pensamentos baseados no medo sejam curados, e você possibilitará que a energia divina conduza a sua vida. É muito mais tranquilo, e também um encanto permanente, constatar como as coisas podem ser coordenadas com perfeição quando deixamos de ser um obstáculo.

Você poderá entender a si mesmo e o seu relacionamento com Deus num nível mais profundo.

Meu sobrinho, um rapaz bastante espiritualizado, estava fazendo uma pesquisa sobre genética vegetal em seu primeiro emprego depois que concluiu a faculdade. Ele começou a usar a oração e sentiu com naturalidade um alívio imediato. Depois, certo dia, ele teve uma experiência no trabalho que conduziu a oração a um nível diferente.

Parece que ele teve uma ideia a respeito de melhorar um projeto, e pediu a opinião de uma colega de trabalho sobre o assunto. Ele estava ansioso para contar a ideia ao seu chefe com a intenção de aumentar o seu prestígio no departamento.

Meu sobrinho saiu da sala por alguns minutos e, quando voltou, encontrou a colega apresentando a ideia ao chefe e assumindo todo o mérito por ela. Percebendo que tinha sido passado para trás, meu sobrinho sentiu a raiva começar a crescer dentro dele. "O sentimento era palpável", disse ele. "Eu tinha sido privado de elogios, e o meu ego estava vencendo."

Quando pôde ficar alguns minutos sozinho, ele se sentou, fechou os olhos e pediu para que os seus pensamentos baseados no medo fossem curados. Então, em vez de sentir um alívio imediato, ele percebeu que havia começado um diálogo com o Espírito Santo. Ele foi induzido a examinar de onde o medo tinha vindo e como ele estava radicado no medo.

Quando meu sobrinho fez isso, ele reconstituiu a raiva até os seus primórdios. "Eu achava que impressionar o meu chefe era importante", disse ele, *"como se eu já não fosse perfeito e completo como sou."*

Foi perfeito. Ao se envolver com a oração e esse diálogo interior, ele se lembrou de que ele é como um filho de Deus. Além de vivenciar a paz, ele então passou a compreender a si mesmo e o seu relacionamento com Deus de uma nova maneira.

Este é um excelente exemplo da mensagem que recebi no dia do CR-V – de que quando o nosso modo de pensar baseado no medo é curado, os gatilhos que desencadeiam o medo deixam de ser necessários. Nesse caso, a oração ajudou o meu sobrinho a ficar frente a frente com o seu próprio valor.

Ao se reconhecer como perfeito e completo, ele avança com mais confiança como filho de Deus, o que torna menos provável que ele passe por situações semelhantes no futuro.

Você será mais capaz de cumprir o seu propósito.

Já vi pessoas se debaterem mais com a questão: "Qual é o meu propósito?" do que com qualquer outra. Sem uma missão que o projete para a frente, é fácil ficar cansado e apático com relação à vida. Mas como encontrar esse propósito – e cumpri-lo – se ele está oculto debaixo de camadas de medo? Essas camadas podem incluir sentimentos de *O que os outros vão pensar? Isto é aceitável? Quem sou eu para querer isso? Eu o mereço? É tarde demais para mim. Estou entediado, sobrecarregado e venho cuidando dos outros há tanto tempo que não sei mais o que eu quero.*

Como encontrar e cumprir o seu propósito significa ser sincero consigo mesmo e escolher o caminho certo para você, isso é uma enorme ameaça para o seu ego. É compreensível que muitas pessoas se debatam com esse aspecto da vida delas. Quando você vivencia a si mesmo e a sua vida através da lente do medo, você enxerga obstáculos em toda parte. Porém quando você pede para que esses pensamentos baseados no medo sejam curados, você passa a ver as respostas começarem a surgir, e o universo lhe oferece apoio nas situações mais inesperadas.

Você seguirá um caminho mais direto em direção à felicidade.

Uma mulher escreveu recentemente para mim dizendo que se dedicou durante anos à prática espiritual e ao autodesenvolvimento. Ela se consultou com terapeutas e agentes de cura, fez cursos e leu um sem-número de livros de autoajuda. Cada uma dessas atividades lhe forneceu ferramentas, disse ela, "mas nenhuma delas me ensinou como ser feliz".

Isso acontece porque essas atividades carecem da ferramenta mais eficaz de todas, que é pedir ao Espírito Santo que cure a causa básica da infelicidade: o modo de pensar baseado no medo. Posso afirmar isso com segurança porque deixei esse ensinamento escapar durante anos. Mesmo com a prática espiritual – algo que, pela sua própria natureza, deveria depender da intervenção divina – é fácil deixar de fora esse componente fundamental. Na realidade, quando a oração apareceu pela primeira vez na minha vida, eu tive um momento "não diga" – reconheci que a ajuda de que eu precisava estivera presente o tempo todo. Eu simplesmente não a tinha visto ou não havia me lembrado de que pedir por ela poderia ser tão fácil.

Digamos, por exemplo, que você tenha lido um livro sobre a lei da atração. Você está empolgado com a possibilidade de manifestar os seus sonhos, mas então o seu ego assume o controle. *Claro, isso pode muito bem funcionar para todo mundo, menos para mim.* Essa é a maneira do ego de dizer: "Sou diferente e estou sozinho, não sou bom o bastante e não mereço nada". Enquanto esses pensamentos não forem curados, vai ser muito difícil criar a vida que você deseja, porque o seu medo estará presente, obstruindo a porta.

Desse modo, se você estiver usando afirmações, o solilóquio positivo, meditando, escrevendo num diário ou recorrendo a outras ferramentas de autoconhecimento, prossiga. Entretanto, se ao mesmo tempo você também pedir para que os seus pensamentos baseados no medo sejam curados, você tomará um atalho significativo na sua jornada interior.

Você será mais capaz de viver no agora.

A maioria dos seus temores está ligada ao passado ou ao futuro. É por isso que viver no momento presente é tão desejável – e parece tão difícil de fazer durante um período prolongado. Se você tentar experimentar o agora em sua plenitude, você provavelmente descobrirá que só consegue manter o foco por um breve período, e logo a sua atenção é distraída – muito provavelmente pelo medo. Você começará a se preocupar com coisas como: "será que eu deixei comida para os gatos antes de sair de casa?"; "onde guardei o recibo da lavanderia?"; ou "será que me esqueci do aniversário de alguém?". No entanto, à medida que você usar a oração de modo sistemático, poderá descobrir que passa mais tempo no presente porque a sua mente não está tão atravancada com um monte de distrações baseadas no medo.

Você substituirá o perfeccionismo pela perfeição.

O perfeccionismo vem do ego. A perfeição vem de Deus. O perfeccionismo é o medo de que você não seja bom o bastante e tenha que provar o seu valor não cometendo nenhum erro. A perfeição é a noção de que você é completo e perfeito do jeito que você é.

Ao usar a oração de modo sistemático, você se conscientiza de que, como diz o *Curso*, "Nada que você faça, pense, deseje ou crie é necessário para determinar o seu valor".

Você sentirá gratidão.

À medida que você sentir a paz de Deus dentro de si, será invadido pela gratidão. E como você estará dizendo "por favor" muitas vezes, sem dúvida desejará dizer "obrigado". O próprio ato de dizer "obrigado" apoiará a cura da oração de uma maneira significativa. Apenas imagine o que isso faz para transformar o foco dos seus pensamentos e, portanto,

"O perfeccionismo
vem do ego.
A perfeição vem
de Deus."

todo o seu ser. Você começa dizendo repetidamente a oração, e cada vez que a diz, você a acompanha com uma expressão automática de agradecimento. Isso é como atirar cristais num riacho tóxico. Num curto espaço de tempo, a água não pode deixar de se tornar mais pura, refletindo a luz com mais clareza.

Você ficará satisfeito.

Grande parte do medo vem das palavras indefiníveis "bastante" e "suficiente". Sou magro o bastante? Tenho dinheiro suficiente? O nosso carro novo é suficiente? Somos bem-sucedidos o bastante? Para o ego baseado no medo, nada jamais é bastante, o que produz uma eterna insatisfação. Peça para que os seus pensamentos baseados no medo sejam curados, e você se lembrará de que você é suficiente. É assim que você encontrará a paz de espírito.

Você se concentrará menos no lugar de onde vem o medo e mais em curá-lo.

Tentar descobrir por que nos sentimos insatisfeitos, não conseguimos encontrar amor, não sentimos entusiasmo pela vida, nos preocupamos em excesso ou temos quaisquer outros problemas pode ser instrutivo, mas também pode ser uma maneira de nos mantermos tão concentrados no medo que nunca conseguiremos ir além dele. Procurar a causa pode

"Você

é suficiente."

se tornar parte do conflito, outra configuração no ciclo do medo. Lembre-se de que você não precisa saber o que motivou os pensamentos baseados no medo; tudo o que você precisa é ter disposição para que eles sejam curados.

Você terá mais amor na sua vida.

Quando você pede para que os pensamentos baseados no medo sejam curados, você remove os obstáculos que dificultam o caminho do amor.

Isso aconteceu comigo anos atrás quando eu estava divorciada depois de quinze anos e cansada de ser sempre reprovada na matéria de Introdução aos Relacionamentos. Eu continuava a atrair o mesmo tipo de homem num pacote um pouco diferente – às vezes calvo, às vezes engraçado, às vezes bem-sucedido –, mas sempre, no fim das contas, indisponível.

Por fim, certo dia, quando eu conversava com Deus, reconheci que não tinha a menor ideia de como encontrar o homem certo para mim. O que eu achava que *queria* num parceiro e o que eu na verdade *precisava* num parceiro eram coisas sem dúvida diferentes, e eu não tinha o benefício da visão global para ver quem poderia ser essa pessoa. Embora eu não tivesse as palavras para isso na época, eu estava pedindo para que os meus pensamentos baseados no medo relativos a mim e ao meu relacionamento adequado fossem curados.

"Quando você usa a oração de modo sistemático, pode dar e receber amor sem que o medo atrapalhe o processo."

Lembro-me de modo claro do momento em que, enfim, abdiquei desse controle e o entreguei a um poder superior. Tive a mesma sensação de alívio e conforto imediato que temos quando alguém intervém e diz: "Obrigado por pedir. Deixe que eu cuido da situação de agora em diante". Como era de esperar, cinco semanas depois, após anos de encontros românticos baseados no medo, conheci Bob. E como o dia do CR-V demonstrou, não somos apenas excelentes parceiros; somos ambos professor e aluno um do outro num nível espiritual.

Hoje tudo parece muito simples. Antes de pedir ajuda, eu funcionava com base no medo. Então, o que eu encontrava? Relacionamentos baseados no medo. Depois que pedi ajuda, as barreiras ao amor se desintegraram. Então, o que eu encontrei? Amor.

Quando você usa a oração de modo sistemático, pode dar e receber amor sem que o medo atrapalhe o processo.

Você poderá se tornar mais sincero e vulnerável.

Um Curso em Milagres diz que a sua vulnerabilidade é a sua força. Isso acontece porque, na sua vulnerabilidade, você pode ser quem de fato você é sem se julgar ou temer o julgamento dos outros.

O nosso medo de sermos julgados assume formas diferentes. Podemos nos tornar pessoas que querem agradar os outros – definindo expectativas muito elevadas para nós mesmos, dizendo o que achamos que os outros desejam ouvir, e enterrando os nossos desejos a fim de tornar todas as outras pessoas felizes. Ou, então, podemos agir de maneira oposta, promovendo-nos de modo arrogante como melhores do que os outros e pintando um quadro exagerado das nossas qualidades. *Um Curso em Milagres* chama essas duas expressões de "pequenez" e "grandiosidade". Apesar do fato de parecerem diferentes, ambas são galhos da mesma Árvore do Medo.

Quando você pede para que os seus pensamentos baseados no medo sejam curados, você prepara o terreno para o "esplendor", uma expressão de quem você é como filho de Deus. Sem necessidade de provar o seu valor, justificar a sua existência ou ocultar os seus talentos, você se eleva na graça e na paz, sabendo que é seguro ser apenas você mesmo.

Você terá vislumbres de mudanças em seu mundo.

Algumas mudanças poderão ser sutis, outras poderão ser muito maiores e mais pronunciadas. Você poderá vê-las em si mesmo, nas pessoas à sua volta ou nas circunstâncias da sua vida. Preste atenção quando os ruídos no seu painel de instrumentos desaparecerem, embora o ego vá tentar minimizar esses momentos. Procure o milagre. Ele poderá não ocorrer

"Quanto mais você reconhece as mudanças positivas, mais mudanças positivas ocorrem."

no mesmo instante, mas isso não significa que as coisas não estejam mudando.

Na realidade, quanto mais você reconhece as mudanças positivas – por menores que sejam –, sem duvidar delas, mais mudanças positivas ocorrem. Pense em manter um diário de mudanças para ajudá-lo a acompanhar as mudanças que, caso contrário, você poderia não notar. Isso também o ajudará a neutralizar a insistência do ego para que você abandone a oração.

Você se tornará mais indulgente.

Talvez você acredite que existam algumas coisas que não possam ser perdoadas, mas saiba que a ausência do perdão perpetua a separação. Ela o mantém atolado na raiva, onde a paz de espírito não pode existir. E ela impede que você receba o perdão dos outros. Por causa disso, a ausência do perdão não pune a outra pessoa – ela simplesmente o aprisiona.

Recusar-se a perdoar significa ser obstinado e trocar a felicidade por um sentimento de justiça. Isso é tão predominante em nosso mundo que quando vemos um exemplo de perdão ficamos aturdidos. Pense na comunidade *amish* na Pensilvânia que perdoou o homem que matou a tiros dez das suas alunas e depois construiu a New Hope School como um sinal de reconciliação. Ou então em Ronald Cotton, um homem que, tendo sido aprisionado por estupro e, mais tarde, libertado depois de um teste de DNA, não alimentou nenhuma raiva contra a sua acusadora; na realidade, escreveu junto com ela um livro sobre a reforma judicial. Não raro essas ocorrências de perdão são consideradas anomalias, como se fossem atos praticados por super-heróis.

Mas e se o perdão fosse a norma em vez da exceção? Sem perda de tempo o seu ego dirá: "Então todo mundo se sentiria livre para fazer qualquer coisa que quisesse". No entanto as pessoas atacam porque têm medo. Um mundo mais indulgente seria um mundo com menos medo e, em última análise, um mundo com menos ataques.

Fazer a escolha de perdoar significa perguntar a si mesmo: "Eu preferiria estar certo ou ser feliz?". Antes de você pagar pelas ações baseadas no medo de outra pessoa ficando zangado pelo resto da vida, peça para que os seus pensamentos baseados no medo sejam curados. Você poderá ser surpreendido por um espaço tanto na mente quanto no coração para uma convicção diferente, bem como para o retorno da alegria.

Você poderá ter uma sensação mais forte de estar em terra firme.

Houve uma época em minha vida que me senti como a toupeira do Whac-A-Mole. Todas as vezes que a minha cabeça aparecia acima do solo, ela recebia uma pancada. É compreensível que eu achasse que o mundo era um lugar assustador.

Quando comecei a fazer esta oração, eu já tinha desenvolvido uma boa parte do trabalho espiritual, de modo que eu me sentia como um brinquedo inflável amarrado a uma base. Eu podia ser derrubada de vez em quando, mas sempre me levantava de novo.

No entanto, algumas semanas depois de começar a fazer a oração, eu me senti como se o brinquedo inflável tivesse sido solto e estivesse então flutuando na superfície da água. Eu estava quicando um pouco de um lado para o outro, mas permanecia ereta e era carregada pela correnteza.

Um grande motivo para essa mudança era que a oração curou o meu autojulgamento. Em geral, passamos mais tempo do que percebemos desempenhando um papel para fazer os outros felizes. Achamos que fazemos isso porque não queremos que os outros nos julguem, mas na realidade nós o estamos fazendo porque estamos julgando a nós mesmos. *Quem sou eu para seguir o meu próprio caminho, dizer o que eu penso ou dizer não?* Quando esse medo é curado, nós agimos de acordo com uma das minhas declarações prediletas: *o que as outras pessoas pensam de mim não é da minha conta.* Em outras palavras, paramos de levar as coisas para o lado pessoal. Nós vivemos com nossa própria força espiritual. Nós nos tornamos como o teflon, de modo que o medo dos outros desliza para fora de nós. Nessa posição, somos inabaláveis, estamos de fato em terra firme.

Hoje, em vez de os meus pensamentos se concentrarem no que as outras pessoas pensam, posso me concentrar na seguinte pergunta: "Estou em paz?". E se a resposta for não, a questão não é "O que posso corrigir ou como fazê-los felizes?". A questão é...

Por favor,

cure

os meus

PENSAMENTOS

baseados no medo.

Dez

Como a oração funciona na vida real?

O medo é poderoso. Ele pode ser tão sutil e vestir disfarces tão diferentes, que podemos não saber com o que estamos lidando. Ele pode frear a nossa vida, fazendo com que permaneçamos tempo demais em situações inapropriadas para nós e nos impedindo que tomemos decisões que podem nos fazer avançar.

Para ajudá-lo a reconhecer áreas da sua vida nas quais o medo pode estar mais presente do que você imagina, eis várias situações nas quais o medo desempenhou um importante papel. Mesmo que as suas circunstâncias sejam diferentes, use a sugestão no final de cada história para pensar numa área da sua vida na qual a oração possa ampará-lo.

PARA A MAIORIA DAS PESSOAS, a ideia de perder o emprego, ter a hipoteca executada, sofrer um problema crônico de saúde ou passar por uma mudança nos relacionamentos familiares seria suficiente para fazê-las entrar em pânico. Mas imagine enfrentar *todos* esses quatro desafios ao mesmo tempo – e, no entanto, se sentir mais calmo do que nunca durante todo o processo. Esse foi o caso de Shelley, que participou de um seminário sobre *Curar o Medo – A Única Oração de que Você Precisa* na véspera de ser demitida do seu emprego corporativo.

Fazia vários meses que o chefe de Shelley vinha tentando intimidá-la para que ela pedisse demissão, o que teria economizado à empresa um pacote de indenização. Todos os dias ela acordava apreensiva por ter de ir ao escritório sabendo que seria submetida mais uma vez às táticas baseadas no medo do seu chefe.

Ao mesmo tempo, Shelley e o marido estavam tentando vender a casa onde moravam, mas tomaram conhecimento de que o velho bangalô, que eles agora chamavam carinhosamente de Titanic, tinha vários problemas estruturais. Como custaria bem mais caro fazer uma reforma na casa do que ela valia, eles tinham decidido fazer uma *short sale* (venda a descoberto) e, talvez, sofrer a execução da hipoteca, o que causaria constrangimento, sem mencionar a incerteza a respeito de onde a filha do casal que estava no ensino fundamental iria morar.

Como se isso não bastasse, Shelley tem a doença de Graves, um distúrbio autoimune que afeta a tireoide e debilita a sua energia. Além de tudo, ela soube logo depois que a sua mãe iria se mudar para a casa deles devido a mudanças inesperadas na situação de vida dela.

Pode dar a impressão de que os ruídos no painel de Shelley não desapareceram depois que ela foi ao seminário e começou a usar a oração. Na realidade, pode até mesmo parecer que eles se multiplicaram. No entanto o seu marido notou que ela está sorrindo agora mais do que nunca. Por quê? "Estou mais calma do que jamais estive", diz ela.

"Faço a oração de hora em hora, até mesmo de minuto em minuto", comenta Shelley. "É quase uma sensação de fortalecimento e grande coragem. Antigamente, eu tinha a impressão de estar assustada o tempo todo, tomando decisões irrefletidas baseadas no medo. Mas quando diminuímos o ritmo e o medo é curado, vivenciamos a paz e tomamos melhores decisões.

Por não ser mais alimentada pelo medo, Shelley acredita que o emprego certo surgirá, e está analisando ideias sobre a possibilidade de abrir o seu próprio negócio. "Há cinco anos, eu teria agarrado a primeira oferta de emprego que aparecesse e depois teria me sentido muito infeliz seis meses depois", afirma ela. "Hoje, sou capaz de dar um passo atrás, examinar o medo e pedir a cura."

A paz interior de Shelley também afetou a sua família. "Sinto que sou uma pessoa mais calma, de modo que estou projetando mais tranquilidade na minha família", diz ela. "O que quer que você esteja projetando pode afetar todos os seus familiares."

O seu marido interpreta a oração de uma maneira diferente. Quando Shelley voltou para casa depois do seminário da oração, ela o descreveu para ele e lhe mostrou a lista de medos que tinha formulado como parte dessa experiência. Em seguida, entregou a ele uma folha de papel e pediu que ele fizesse a mesma coisa. Não ficaram surpresos ao constatar que muitos medos em comum apareceram em ambas as listas.

"A oração modifica a nossa mente, de modo que somos capazes de viver em paz, independentemente do que esteja acontecendo à nossa volta."

Nenhum dos dois esperava lidar com tantos desafios ao mesmo tempo, mas Shelley acredita no princípio de que Deus não nos dá mais coisas do que podemos controlar. Hoje, ela conhece o poder de ter o seu medo curado.

"Eu sei que Deus está atuando na minha vida. Pode não ser de acordo com a minha programação ou estar acontecendo do jeito que eu quero, mas sei que Ele está presente e está trabalhando. A oração me proporcionou a fé de saber que tudo ficará bem. Não preciso ter medo de nada. Creio que nunca voltarei a ser a Shelley assustada."

A história de Shelley mostra o poder dessa oração de fazer um verdadeiro milagre acontecer: a oração modifica a nossa mente, de modo que somos capazes de viver em paz, independentemente do que esteja acontecendo à nossa volta.

Duvido que alguém censuraria Shelley se ela ficasse zangada ou se sentisse deprimida ou oprimida neste momento. Na realidade, o mundo a programou para se sentir assim. O emprego não é a fonte da nossa segurança? A casa não é a fonte de abrigo e conforto? Como você poderia perder as duas coisas e se mostrar calmo diante da situação?

É por isso que a oração funciona na vida real: ela substitui as fontes artificiais de segurança, abrigo e conforto em nossa vida pelo que é real – a recordação da nossa conexão com Deus, que é a nossa verdadeira abundância.

Shelley ainda está lidando com desafios, mas a maneira como está lidando com eles mudou. As exterioridades na sua vida não têm mais poder sobre ela. Agora, ela vive com base num eixo mais tranquilo, apoiada pelo Espírito.

> Se você estiver enfrentando a perda de um emprego, da sua casa ou de um relacionamento que lhe confere uma sensação de segurança, peça o seguinte: *por favor, cure os meus pensamentos baseados no medo em relação ao futuro para que eu possa vivenciar conforto e segurança com base em minha verdadeira Fonte.*

TENHO UMA AMIGA NO TEXAS que está escrevendo um livro que ela pretende vender pela internet, começando um negócio que a conduzirá à aposentadoria. Ela é jornalista e ganhou muitos prêmios pelas suas histórias investigativas, de modo que não tem medo de lidar com assuntos difíceis ou com novas situações. Mas quando recebeu um e-mail de um conhecido profissional de marketing da internet a respeito de um treinamento que seria ideal para ela, o seu ego entrou em ação:

> ❧ Você terá que ir de avião para Nova York e fazer reserva num hotel, e isso custa muito dinheiro.

- Se você esperar, é bem provável que o treinamento será oferecido em vídeo por um preço muito menor.

- Desenvolva primeiro o produto e teste-o – depois vá fazer um treinamento para obter orientação quando já tiver uma coisa tangível em mãos.

- Você provavelmente será a única mulher presente no treinamento, ou a única pessoa com menos de 70 anos. E se você ficar entediada? E se esse não for o grupo certo para você?

O ego da minha amiga gerou um rol de medos e objeções, e todos pareciam razões perfeitamente lógicas para ficar em casa. Porém alguma coisa nela queria dizer sim. Algo a respeito desse evento confirmava o seu desejo de se expressar de uma maneira que é verdadeira para a essência do seu ser, criando alguma coisa de valor que a carregará pelo resto da sua vida com alegria.

Essa é a armadilha do ego. Embora o ego às vezes pareça uma criança de 2 anos que não dorme há dias, ele também pode soar como um contador sensato. Ele pode assinalar todas as razões pelas quais você deve permanecer insignificante, e elas farão sentido para você porque são exatamente o que muitos dos seus amigos e parentes diriam. *Oh, isso é dinheiro DEMAIS! É um risco enorme... e se não valer a pena? Vai estar um frio intenso em Manhattan nessa época do ano, e você nem mesmo tem um casaco de inverno*. Todas essas desculpas parecem muito lógicas, mas o que o ego está dizendo de fato é o seguinte: "Estou morrendo de medo de que você aprenda, cresça e encontre mais alegria. Farei tudo o que eu puder para mantê-lo aprisionado no *status quo*, e farei isso de uma maneira bem ardilosa para dar a impressão de que o que estou sugerindo é do seu profundo interesse".

É assim que permanecemos insignificantes, entediados e infelizes.

A verdadeira felicidade não acontece quando você segue um plano de contingência. Ela acontece quando você enfrenta aquilo de que tem medo. Na realidade, se você tem medo de fazer algo, esse é um bom sinal de que é isso que você *deve* fazer de fato, porque revigoraria o seu Eu superior.

Você pode tentar se convencer a não ter medo. Ou pode pedir ao Espírito Santo que cure os seus pensamentos baseados no medo e começar a viver hoje com alegria.

> Se você estiver com medo de se arriscar e dar um passo à frente, peça o seguinte: *Por favor, cure os meus pensamentos baseados no medo a respeito de fazer o que eu amo para que eu possa criar a vida dos meus sonhos.*

TALVEZ UMA DAS PERGUNTAS MAIS FORMULADAS a respeito da oração seja a seguinte: "De que maneira a oração pode me ajudar quando eu tiver uma perda? E quando alguém morrer, um importante relacionamento terminar ou eu passar por uma crise com consequências por toda a vida? Não é normal sentir pesar e raiva?".

Com toda certeza. Eis como uma pessoa jovem expressou essa questão:

> "Bem, o que acontece quando os piores medos já se realizaram? Para mim, isso significa que a minha inteligência, minha destreza atlética e minhas habilidades sociais me foram tomadas num acidente de carro do qual eu nem mesmo tive culpa. Depois de dedicar basicamente toda a minha adolescência a um grupo de jovens [hoje tenho 25 anos], fui para a faculdade e, num único momento, a minha vida foi destruída por outro motorista. E agora? Ainda faço terapia quatro dias por semana, e não existe, na verdade, muita esperança de que isso vá mudar tão cedo."

Eis no que eu acredito: Deus não é uma entidade que julga as pessoas e distribui punições, ou que deixa que coisas ruins aconteçam com pessoas boas. Em vez disso, acredito que Deus é amor. E como somos filhos de Deus, também somos amor.

Neste mundo, no entanto, enfrentamos os mais diferentes tipos de desafios nos quais a raiva e o pesar são naturais. Porém, se você pedir para que os seus medos sejam curados – medos a respeito de como será a sua vida, do que você será capaz ou não de fazer, como você poderá *não* ficar zangado de novo –, você poderá abrir a porta para a felicidade.

Repetindo: isto não diz respeito apenas a ter pensamentos felizes e esperar que as coisas mudem. Diz respeito a pedir uma cura profunda a um poder superior para que você possa voltar a vivenciar a paz na mente e no coração.

Com esse sentimento de paz, a vida é restaurada. Não porque o seu corpo – ou a pessoa ou o relacionamento que você perdeu – mudou. Mas porque a lembrança que você tem do amor é restaurada. Assim que você se lembra que é filho de Deus, a paz de espírito se instaura mais uma vez.

> Se você está lidando com o pesar e a raiva, peça o seguinte: *por favor, cure os meus pensamentos baseados no medo relativo à minha perda para que eu possa viver novamente com alegria.*

OS RELACIONAMENTOS AMOROSOS podem estar mais repletos de medo do que praticamente qualquer outra área da nossa vida. Uma das histórias que eu conto nos meus seminários da oração é a seguinte: eu era uma ávida leitora quando criança, e os livros que mais me impressionavam eram as histórias de amor não correspondido. Li o final de *E o Vento Levou* várias vezes, tentando *obrigar* Rhett a voltar para Scarlett. "Devorei" *Love Story* numa única noite em que dormi na casa da minha melhor amiga, e nós duas assistimos ao filme duas vezes. Nunca soubemos do que Jenny morreu, mas tínhamos certeza de que Oliver a amava porque pudemos ver a dor nos olhos dele.

Quando eu era adolescente, a programação estava completa: amor significava perda, sacrifício e desgosto – todas as formas de medo de primeira qualidade. Desse modo, quando um homem aparecia na minha vida, eu partia do princípio de que ele iria embora um dia. Então – e aqui entra a parte engraçada – eu sabotava a relação apenas para dar uma pequena cutucada nele e mais tarde poder dizer: "Está vendo? Não existem homens bons!" – quando na verdade o meu ego havia coreografado todo o processo por causa do medo.

Foi então que Bob apareceu. Depois de estarmos namorando mais ou menos por uns três meses, ele já havia me ensinado que eu ficaria mais aquecida se *abotoasse* o meu casaco em vez de mantê-lo fechado com uma das mãos e se oferecera para vedar melhor as janelas e as portas da minha casa porque o inverno estava chegando, eu estava sem dinheiro e isso reduziria as minhas contas de aquecimento. Eu fui conduzida a um Cavaleiro Branco numa Dodge Caravan – um homem que usava um suéter azul-marinho com o emblema da sua empresa costurado no peito e que andava com pequenas tiras de papel com listas de coisas a fazer no bolso que ele de fato concluía e jogava fora.

É por isso que eu tinha que tentar sabotar o relacionamento. Não poderia haver amor sem provação, não é mesmo?

Meu ego começou a trabalhar no dia em que Bob e eu íamos assistir a um espetáculo dos Lipitor Stallions. (Eles na verdade não se chamam Lipitor Stallions, mas o nome começa por *L* e é difícil de lembrar, de modo que chamo os Stallions pelo seu nome "farmacêutico".)* Antes de sairmos para o show, encontrei um motivo para ficar aborrecida com Bob durante o espetáculo; o meu ego foi ficando cada vez mais indignado e afrontado. Quando os Stallions fizeram a sua última reverência sincronizada, eu estava aos prantos.

A caminho de casa, eu não consegui parar de chorar, mas compreendi que não estava derramando as lágrimas por causa da minha raiva fabricada contra Bob. Eu estava chorando porque não queria que o relacionamento terminasse e, tendo em vista a maneira como eu estava agindo, Bob teria toda a razão se abrisse a porta do passageiro, me empurrasse para fora da van e fosse embora com a sua caixa de ferramentas sem nunca mais falar comigo de novo.

"Estou com medo de que um de nós faça alguma coisa para destruir este relacionamento", disse eu entre soluços,

---

* O nome é Lipizzaner Stallions; são garanhões que fazem acrobacias no palco. Lipitor é o nome de um remédio para baixar o colesterol do sangue. (N.T.)

parecendo aquela menina que tinha lido *E o Vento Levou* nos dias chuvosos. "E eu não quero que ele acabe."

"Bem", disse Bob, com a sua voz grave suave e tranquilizadora, "não vejo falta de disposição da nossa parte para fazer esse relacionamento funcionar."

Nossa... Eu acabava de me ver frente a frente com o verdadeiro amor. Não do tipo de brincar na neve de *Love Story* ou do tipo "não dou a mínima" de *E o Vento Levou,* mas do tipo constante que está do seu lado mesmo quando você está agindo como se fosse louca.

Eu sempre achava que os homens tinham me abandonado, mas então eu consegui perceber que era *eu* quem ia embora, arquitetando tramas para afugentá-los, justificando na minha cabeça que eles tinham feito alguma coisa imperdoável e depois passando mais alguns meses lamentando a falta de homens disponíveis no mundo.

No entanto, nesse relacionamento, Bob não estava jogando o jogo, de modo que eu também não podia jogá-lo. Diante do perdão e da compreensão, o medo foi superado naquele dia, e uma nova definição de amor tomou o lugar dele.

Se você não está vivendo o relacionamento amoroso que deseja em sua vida, peça o seguinte: *por favor, cure os meus pensamentos baseados no medo relativo ao meu amor-próprio para que eu possa ter o amor constante e verdadeiro que eu mereço.*

UMA DOENÇA COM CONSEQUÊNCIAS por toda a vida pode ser tão devastadora para um ente querido quanto é para o paciente. Esse foi o caso de Bill, cuja mulher, Gail, foi diagnosticada com câncer no pulmão por causa de uma exposição ao radônio quatro anos antes.

Bill usou a Oração da Serenidade todos os dias para preservar a sua saúde mental enquanto Gail se submetia a uma cirurgia e sessões de quimioterapia. Parecia que os procedimentos tinham funcionado até o dia em que Gail sentiu uma dor no quadril.

Gail e eu havíamos nos conhecido numa apresentação duas semanas antes, quando ela pegou um cartão sobre a palestra de *Curar o Medo – A Única Oração de que Você Precisa.* "Parecia tão simples", diz ela. "Foi isso que me atraiu." Quando soube que a dor no quadril era uma recorrência do câncer, Gail começou a usar a oração – e Bill fez o mesmo.

"Passo bastante tempo andando", comenta Bill. "Dou comigo repetindo a oração no ritmo dos meus passos em vez de ficar ansioso em relação ao que está acontecendo com Gail, e constato que todos os meus medos se dissipam."

Bill gosta do fato de a oração ser breve e fácil de lembrar, e acrescentou suas próprias palavras: "Tudo vai ficar bem. Deposito minha fé em Deus. Não estou sozinho. Deus está comigo".

A oração ajuda Bill não apenas enquanto está caminhando, mas também no meio da noite quando acorda e começa a pensar no câncer da esposa. "Ela me ajuda a tirar essa coisa da cabeça", diz ele.

O efeito calmante é duradouro, e ele encontrou conforto na linguagem particular da oração. As palavras "pensamentos baseados no medo" têm sido muito úteis. Os medos não parecem tão reais porque são apenas pensamentos. As palavras reduzem o poder do medo.

Bill e Gail tiveram boas notícias recentemente, pois não houve mais recorrências depois de um ciclo de radiação. Gail, por sua vez, procura permanecer no momento em vez de ficar matutando sobre o futuro. "O verdadeiro palavrão no nosso mundo é 'medo'", diz ela. "Quanto mais eu leio a respeito do bem-estar e do câncer, percebo que o medo desempenha uma parte monstruosa no processo. Tudo muda quando ele não está presente. Se permanecermos no presente, não há na verdade muito a temer, não é mesmo?"

Se você estiver lidando com a preocupação sobre a sua saúde ou a saúde de entes queridos, peça o seguinte: *Por favor, cure os meus pensamentos baseados no medo relativo ao bem-estar físico para que eu possa ser uma presença calma e benéfica para mim mesmo e para os outros.*

LAURA TEM UMA HISTÓRIA com a qual provavelmente todos os pais conseguem se identificar. Como permitir a independência e o crescimento quando queremos controlar o destino das pessoas que mais amamos?

No caso de Laura, isso se aplica não apenas ao relacionamento com os filhos, mas também com os filhos da sua irmã, que ela adotou. E se aplica também à sua irmã, que luta há muito tempo com a dependência de drogas e foi morar com Laura quando saiu da prisão.

"Eu era a filha mais velha, e a nossa mãe estava ausente", diz Laura, "de modo que sempre estive no papel do chefe. Às vezes, eu dizia de uma maneira passiva ou passivo-agressiva 'Deixe que eu cuide das coisas'. Para mim, o medo e o controle sempre andaram de mãos dadas. Quando tenho medo de alguma coisa, eu me agarro mais do que nunca ao controle."

Foi por esse motivo, diz Laura, que ela teve tanta dificuldade em deixar que a irmã assumisse mais responsabilidades e tomasse as próprias decisões.

"Assim que saiu da prisão, ela veio para a minha casa", Laura conta. "Ela se mostrou muito humilde, com a atitude de 'você é minha chefe'. Isso funcionou muito bem, porque eu queria que ela fizesse o que eu mandasse; eu queria tratá-la como se fosse uma criança."

Não há nenhuma dúvida de que as preocupações de Laura são reais. Sua irmã às vezes se esquece de tomar os remédios e já dirigiu quando não estava em condições mentais de fazer isso. No entanto, o contínuo esforço de Laura de controlar o comportamento da irmã mantém as duas emperradas.

"Eu a tenho mantido dependente por medo de que ela faça escolhas inadequadas. Acabei me ressentindo disso, e ela também sente o mesmo. A minha atitude não permite nenhum crescimento, e tornei-me uma tirana. Preciso simplesmente diminuir o controle, parar de sentir tanto medo e deixar que Deus a ajude a dirigir a sua vida."

A oração ajudou Laura a compreender que, ao fazer diferentes escolhas para si mesma como mãe e como irmã, ela muda para melhor a dinâmica nesses relacionamentos.

"Se você se agarrar demais à tentativa de controlar as pessoas que o cercam e não entregar as coisas a Deus, o resultado será desastroso. Passei por isso muitas e muitas vezes, de modo que sei muito bem o que estou falando. Porém é difícil acabar com esses antigos hábitos, e só compreendi o motivo quando fui ao seminário de *Curar o Medo – A Única Oração de que Você Precisa*: isso acontece porque o medo é um poderoso determinante desses hábitos."

Para ajudar a mudar esses hábitos, Laura está fazendo mudanças pequenas, porém significativas. Ela levou certa vez a irmã para uma noite de caraoquê porque a irmã adora cantar. "Quero fazer mais coisas prazerosas com ela", diz Laura. Ela também está reduzindo a sua tendência de julgar, para que possa olhar para a irmã com "tranquilidade em vez de animosidade" sempre que ela entrar no aposento em que estiver.

Por fim, Laura agora compreende que o melhor que tem a fazer nos papéis de mãe e irmã é pedir que os seus próprios pensamentos baseados no medo sejam curados.

"O fato de eu me concentrar em mim parece egocêntrico", diz ela. "Mas a verdade é que, se eu não cuidar do meu espírito, não tenho como ajudar outras pessoas."

Se a sua preocupação com os outros assumir a forma do controle, peça o seguinte: *Por favor, cure os meus pensamentos baseados no medo relativo às pessoas na minha vida para que eu possa tratá-las com respeito e acreditar que Deus as ajudará a crescer.*

Onze

Como a oração pode mudar o mundo?

Duas vezes na vida tive sonhos nos quais a minha felicidade foi completa. Num deles, que tive aos 7 ou 8 anos, minha família estava em nosso velho DeSoto, subindo uma estrada íngreme e em zigue-zague. Quando chegamos ao alto, saí do carro e fui para o topo da montanha, de onde só pude avistar uma relva verdejante. Sentei-me sobre a relva, contemplei o verde e senti uma paz total, a paz que ultrapassa o entendimento.

No segundo sonho, fui enviada para o espaço num fogue-te porque Deus estava infeliz com o rumo que o mundo estava tomando e queria reajustá-lo. Ele planejava parar a Terra du-rante vinte minutos para fazer o ajuste. Durante esse tempo, senti uma quietude absoluta, sabendo que o fluxo e o refluxo dos oceanos tinham sido interrompidos e as nuvens não esta-vam flutuando. Havia apenas uma suprema paz e quietude.

Em ambos os casos, o despertar do sonho foi um choque e um desapontamento. Por que não podíamos nos aproximar dessa sensação de paz em nossa vida terrena?

Tentei, durante anos, descobrir o que era a paz. No en-tanto foi somente quando comecei a estudar *Um Curso em Milagres* que compreendi que a paz era a completa ausência do medo. Era o sentimento do amor verdadeiro, puro e imaculado, a luz que brilha em todos nós, livre de quaisquer pensamentos ou convicções baseados no medo.

Desse modo, ainda formulo a seguinte pergunta: É possível vivenciar essa paz na Terra? Não tenho certeza, mas creio que vale a pena pedir por ela. E se existe alguma coisa capaz de fazer isso, creio que esta oração pode ser a chave.

Ao longo dos séculos, as pessoas têm perguntado como podemos curar a nós mesmos e o mundo. Como podemos deixar de ser pessoas violentas? Como podemos aceitar uns aos outros? Como podemos compartilhar a abundância do mundo com todas as pessoas? Como podemos encontrar a paz na Terra?

O primeiro passo é reconhecer que todos os problemas mundiais, exatamente como aqueles que temos na nossa vida particular, são provenientes do medo. Estamos emperrados no mesmo ciclo de desespero tanto no nível pessoal quanto no universal porque continuamos a pensar que nós mesmos podemos nos tirar da confusão em que nos metemos.

No entanto, nada que tentemos, provemos, realizemos, façamos, testemos, alcancemos, reformemos, acumulemos, contra o que protestemos, consigamos, administremos ou projetemos eliminará os nossos medos. O nosso ego continuará a estar presente, pronto para substituir um medo por outro.

Quando pedimos que os nossos pensamentos baseados no medo sejam curados, estamos pedindo para ficar livres de tudo que bloqueie o amor de Deus. Acredito que este seja o significado de estar neste mundo mas não pertencer a ele: conciliar-nos de uma maneira tão consciente e intencional com o nosso verdadeiro Eu que o medo passe a ter um domínio cada vez menor sobre nós. Significa aquietar carinhosamente a criança de 2 anos e cantar para ela uma canção de ninar.

Num seminário recente de espiritualidade das mulheres, iniciamos um ano de investigação com a pergunta: "Você é tão feliz quanto deseja ser?". Pedimos às participantes que registrassem num diário o que a felicidade significava para elas. Várias hesitaram diante da palavra "feliz" porque ela parecia frívola ou superficial. Algumas preferiam palavras como "contentes", "tranquilas" ou "alegres".

Mas quando começamos a falar sobre o que essas palavras significavam, chegamos, de certa maneira, a um acordo. Liberdade. Perdão. Realização. Felicidade não significa que você estará dando pulos de alegria, mas significa ter paz de espírito – a paz de saber que você está seguro, bem cuidado, que pode confiar no que está à sua volta. Penso nisso como a paz do lar.

Essa paz interior é um desejo universal porque reflete quem somos em nossa essência como filhos de Deus. Independentemente da sua religião ou cultura, a paz interior é tão cobiçada quanto a harmonia no lar, a saúde, a educação, a liberdade pessoal, a compaixão e o sentimento de entrosamento. Ela é o segredo da paz da Terra, uma pessoa de cada vez.

Então, a oração pode de fato ajudar a resolver os problemas em grande escala mais prementes deste planeta? Ela pode lidar de fato com a extrema opressão, a violência, a pobreza, o preconceito, a fome, a doença, a corrupção e a mudança ambiental?

Vou fazer a seguinte pergunta: se esta oração não puder mudar tudo isso, o que poderá? Os grandes problemas que enfrentamos hoje são os mesmos que enfrentamos durante gerações, e todos procedem de padrões profundamente arraigados de raiva, censura, culpa e crítica. Para construirmos um mundo melhor – para avançarmos por fim de uma maneira diferente e significativa – todos os nossos pensamentos, as nossas palavras e ações importam. Só poderemos construir um mundo diferente daquele que construímos antes se esses pensamentos, essas palavras e ações forem movidos pelo amor e não pelo medo.

Imagine

uma pessoa no planeta que esteja sofrendo violência doméstica usando a oração e sendo curada dos sentimentos de desmerecimento, que ela expressa como complexo de vítima.

Imagine

os perpetradores da violência doméstica usando a oração e ficando curados dos *seus* sentimentos de desmerecimento, que eles expressam exercendo a dominância sobre os outros.

Imagine

as pessoas que perderam a casa num desastre natural usando a oração e encontrando uma força interior ainda maior para se unir e reconstruir mais uma vez.

Imagine

pessoas em áreas que carecem de um emprego estável e serviços básicos suficientes usando a oração e encontrando novas oportunidades que se abrem para ajudá-las.

Imagine

aqueles que criam empecilhos à educação – particularmente das meninas – usando a oração e sentindo-se menos ameaçados pelo fortalecimento dos outros.

Imagine

as pessoas envolvidas em batalhas de longa data usando a oração e ficando curadas do ressentimento, desobstruindo um caminho em direção a um futuro forjado pelo perdão.

Sem dúvida, isso pode parecer idealista, mas é assim que nós mudamos. Nós nos voltamos para um ideal mais elevado e fazemos dele o nosso destino. Pedimos ajuda para, como diz *Um Curso em Milagres*, viver "acima do campo de batalha" do caos e do desespero. Dizemos uma oração que pode empurrar os esforços humanitários para além do que as nossas mãos humanas podem fazer.

Quando enxergamos o mundo através da lente da oração, compreendemos que a força destrutiva existente no mundo não vem das pessoas, mas sim do medo. Enquanto encararmos os seres humanos como destrutivos, continuaremos a acusar e censurar, perpetuando o incessante padrão de ataque e defesa. Mas quando pedimos que o medo seja curado, mudamos a conversa. Chegamos à causa básica da violência, da pobreza, do terrorismo, da apatia, do ceticismo e da discórdia. Em vez disso, libertamos a nós mesmos e os outros para sermos motivados pela ação amorosa.

Um Curso em Milagres fala a respeito do fato de que não existe nenhuma hierarquia de milagres, e que a energia do medo é a mesma, seja ela proveniente de uma pessoa ou de um bilhão delas. Em outras palavras, a vergonha, a culpa, a raiva, a escassez e a preocupação que sentimos no âmbito individual são as mesmas emoções sentidas numa escala global. Não podemos escapar delas por meio do pensamento, embora cada segundo nos ofereça uma nova oportunidade para escolher o amor.

"A cura tem que vir de um lugar diferente, não da nossa mente."

A cura tem que vir de um lugar diferente, não da nossa mente. *Um Curso em Milagres* diz que nossa mentalidade egoica está enraizada no medo e o encontra em todos os lugares. É por isso que você pode ter o que parece ser a vida perfeita e ainda ser miserável, porque ainda está identificando-se com o ego.

Todavia o ego não é tudo que temos. Também temos uma conexão com o divino, o Criador, o Espírito. O amor é a nossa outra parte na qual podemos confiar porque esta outra parte nos conecta à mente de um poder superior.

Isso desloca o nosso desejo de coisas materiais ou de um novo emprego ou relacionamento – o que achamos que nos fará felizes – para a paz de espírito, que é a *única* coisa que pode nos fazer felizes. Isso redefine as nossas prioridades. Imagine o que aconteceria se fizéssemos isso em grande escala?

À medida que você fizer a oração de modo sistemático, estará gerando uma paz em sua mente que virá de você, transformando os seus relacionamentos, o seu trabalho, tocando todos à sua volta. Em essência, você estará criando um círculo de paz que o acompanhará por toda parte. É isso que torna essa prática revolucionária, porque a oração não cura apenas a nós, ela cura o mundo.

Imagine se mil, 10 mil ou 1 milhão de pessoas criassem um círculo de paz. Em algum ponto – o ponto crucial – poderemos criar um mundo que é alimentado mais pelo amor do que pelo medo.

O primeiro passo é nos conscientizarmos dos nossos pensamentos baseados no medo.

O segundo passo é fazer a oração.

O terceiro passo é presenciar o milagre e agradecer por ele.

Você talvez queira assumir um compromisso pessoal que é mais ou menos assim: "Eu me comprometo a usar o poder dessa oração para o meu próprio bem, para o bem daqueles que fazem parte da minha vida e para o bem do mundo".

Criamos coletivamente uma sociedade de medo – vivemos literalmente num mundo de dor. No entanto, ao usar a oração, você tem o poder de colocar o mundo nas mãos do Espírito Santo, que é capaz de transformá-lo. O medo separa e divide. O amor une e expande.

Quando você usa a oração, você ajuda a inclinar a balança para o lado do amor.

Perguntas e respostas

Quando você começar a usar a oração, perguntas poderão lhe vir à mente. Eis algumas perguntas que são feitas com frequência e às quais você poderá recorrer para uma consulta rápida.

P. E se eu não acreditar no Espírito Santo?

R. Isso é perfeitamente aceitável. Não é preciso acreditar. A única coisa necessária é a disposição de fazer a oração e depois presenciar o que acontece. Desde que haja uma abertura – mesmo que seja mínima –, a cura ocorrerá.

P. E se eu me esquecer de pedir?

R. Isso também é aceitável. Você não está recebendo uma nota por isso. E uma vez que você se lembre de pedir, uma única oração poderá libertá-lo de um ano de medo.

P. Qual é o poder que estou invocando?

R. O sagrado poder do amor universal.

"Não é preciso acreditar. A única coisa necessária é a disposição de fazer a oração e depois presenciar o que acontece."

P. E se eu não sentir que a oração está funcionando?

R. Continue a fazê-la mesmo assim. Você tem anos de medo impregnado em você, de modo que pode demorar um pouco para que comece a sentir alguma mudança. Por outro lado, você poderá sentir uma transformação de imediato.

P. O que devo fazer depois da oração?

R. Prestar atenção. Comece a observar como você está se sentindo e como o mundo ao seu redor está mudando. Você provavelmente experimentará uma quantidade maior do que poderíamos chamar de acasos fortuitos, ou um sentimento de que os eventos na sua vida estão fluindo fácil e suavemente, como se alguém os estivessem coreografando para você. Em essência, é isso que está acontecendo de fato. Você está vivenciando a ordem natural do universo, livre das suas barreiras de preocupação e controle. Relaxe nesse estado. Permita-se ser conduzido.

P. O que vivenciarei com o tempo?

R. Mais paz de espírito. O sentimento de que as coisas ficarão bem sem que você precise se preocupar ou se estressar por causa delas.

P. Isso me tornará preguiçoso ou sem ambição?

R. Não, a não ser que isso seja o que você queira. Experimentar a despreocupação da vida quando os seus medos são curados torna possível que você enxergue a beleza à sua volta e contribua de maneiras que talvez não tenham lhe ocorrido antes. Torna possível que você faça o que o deixa feliz, o que você veio fazer aqui, em vez de tentar encaixar à força sua vida nas expectativas de outra pessoa.

P. Todos os problemas e desafios da minha vida desaparecerão?

R. Não necessariamente, mas você os vivenciará de uma maneira diferente. Você poderá encará-los com graça e perdão em vez de com raiva e ressentimento. Você substituirá as acusações por entendimento. Você não mais precisará criar ou perpetuar o drama na sua vida. Quando surgirem problemas, você estará livre para tomar decisões ponderadas para o bem de todos. Você deixará de tentar agradar os outros à sua própria custa. E você ficará curado da necessidade de ter um padrão de ataque e autodefesa, na sua mente e no mundo exterior.

"Peça para que as
suas expectativas
e sua impaciência
sejam curadas,
porque ambas
são formas
de medo."

P. Estou ficando aborrecido por pedir repetidas vezes e não obter resultados. O que devo fazer?

R. Peça para que as suas expectativas e sua impaciência sejam curadas, porque ambas são formas de medo.

P. Estou pedindo para o meu mundo mudar, e as pessoas que me incomodam ainda estão presentes. O que estou fazendo de errado?

R. O segredo é que você não pede circunstâncias ou pessoas diferentes na sua vida; você pede para *você mesmo* ser mudado. Quando isso acontecer, as circunstâncias e as pessoas na sua vida mudarão.

P. Posso usar a oração em benefício de outra pessoa?

R. Pode, embora a intenção não seja "corrigir" a pessoa para que ela o agrade. Uma mulher usou a oração em benefício de um jovem com um grave transtorno do apego cuja vida inteira, diz ela, é regida pelo medo. Ao longo de um período de cerca de três meses, ela o viu começar a confiar mais – uma mudança que ela chama de "verdadeiramente impressionante".

P. Venho usando a oração há vários dias, e hoje estou me sentindo alarmado a respeito de coisas que não me incomodavam antes. Por que isso está acontecendo?

R. A cura está se aprofundando. O ego está ficando nervoso e está agindo por impulsividade. Continue a pedir que *todo* o seu pensamento baseado no medo seja curado nos níveis mais profundos.

P. Devo pedir que pensamentos específicos sejam curados ou pensamentos em geral? Por exemplo, é melhor pedir para que todos os meus medos em relação ao dinheiro sejam curados, ou devo pedir para que o meu medo com relação à poupança da aposentadoria seja curado?

R. Ambas as orações são igualmente poderosas. Você pode alterná-las, ou apenas pedir para o que quer que esteja na sua mente em qualquer momento seja curado. Não tenha medo: você não pode cometer um erro.

"Continue a pedir que *todo* o seu pensamento baseado no medo seja curado nos níveis mais profundos."

E por fim...

Você sabe como as coisas são. Você pensa o seguinte: *Se eu conseguir superar isto, tudo ficará bem na minha vida.* Depois, no momento em que esse problema está fora do caminho, o que acontece? Surge outro problema no lugar dele.

Eu sei como é viver a vida nesse trem descontrolado. Um dia, estou nervosa por causa de um prazo final. Em seguida, eu cumpro esse prazo final, todos estão felizes com o meu trabalho e logo em seguida fico ansiosa por causa de dinheiro... ou de uma conversa que preciso ter... ou por causa de uma centena de outras coisas que estão esperando nos bastidores para me manter num constante estado de ansiedade.

Na verdade, tenho uma vida maravilhosa. Um marido amoroso, amigos e parentes realmente maravilhosos, uma bela casa, um trabalho que eu aprecio e saúde. No entanto, quando comecei a prestar atenção de fato nos meus pensamentos depois do dia do CR-V, compreendi que vinha sendo constantemente dopada pelo medo. Acho que é o que acontece com a maioria de nós.

É compreensível que estejamos cansados, mal-humorados, irritadiços ou que sejamos de difícil convivência. Ou, o que é ainda pior, que sejamos violentos, calculistas e rancorosos. Tudo isso acontece porque vivemos com medo e nem mesmo sabemos disso. Ou, quando sabemos, não temos a menor ideia de como escapar.

Sendo assim, eis a resposta: faça a oração.

Faça a oração.

Faça a oração.

Faça a oração o dia inteiro.

Por favor,

cure

os meus

PENSAMENTOS

baseados no medo.

Em maio de 2004, uma história da revista *Smithsonian* documentou a recente visita do Dalai Lama aos Estados Unidos. Antes da chegada dele, pesquisadores do Massachusetts Institute of Technology (MIT) decidiram estudá-lo e descobrir por que ele era tão feliz o tempo todo. Era óbvio, pensavam eles, que alguma coisa tinha de estar errada.

O artigo incorpora dados estatísticos fascinantes. Parece que, num levantamento de trinta anos de publicações de psicologia, os pesquisadores contaram 46 mil artigos sobre depressão – e 400 sobre alegria.

Esses números sugerem uma verdade sagrada: obtemos o que procuramos. Se procurarmos 46 mil vezes a depressão e apenas 400 vezes a alegria, isso diz muito a respeito do que buscamos e do que queremos encontrar.

Estamos partindo da premissa de que a vida é um desafio e que precisamos corrigi-la. Mas esse é o ego baseado no medo tentando justificar a sua existência. Ele procura diariamente evidências de que este mundo é um lugar doente e perigoso, e é claro que se for isso que você está procurando, não terá de ir muito longe para encontrar o que quer.

Mas e se partíssemos de uma premissa diferente? E se começássemos acreditando que, na condição de filhos de Deus, o nosso estado natural é de equilíbrio, harmonia e bem-estar? E se houvesse 46 mil artigos sobre alegria e somente 400 sobre a depressão? As pessoas diriam que não estamos fazendo caso do problema e estamos nos recusando a enxergar a

"Não se trata de pensamento positivo, mas sim de nos libertarmos do ego baseado no medo."

realidade. No entanto, *Um Curso em Milagres*, ao lado de outros textos espirituais, afirma que o equilíbrio e a harmonia *são* a nossa herança espiritual enquanto filhos de Deus. Não se trata de pensamento positivo, mas sim de nos libertarmos do ego baseado no medo. Simplesmente não poderemos avançar enquanto estivermos no ciclo dos pensamentos baseados no medo.

Um Curso em Milagres diz que o amor é real e o medo não. Porém o medo pode parecer muito real quando você o carrega o dia inteiro nas costas como um elefante. Quando ele preenche as suas células e faz com que você tenha azia, dor de cabeça, problemas no coração ou câncer. Quando ele interfere na sua capacidade de dormir bem, de ter relacionamentos felizes, de perseguir os seus sonhos.

À luz do quanto este mundo com frequência parece assustador, você poderá pensar que precisamos ser destemidos. No entanto a oração cria uma nova definição dessa palavra. Em vez de torná-lo corajoso diante do perigo, ela o fará vivenciar mais paz de espírito. Todas as vezes que você faz a oração, você se torna mais destemido.

A oração desloca o nosso foco do mundo exterior para a nossa conexão interior com o nosso verdadeiro Eu e com Deus. Quando você pede ao Espírito Santo que cure os seus pensamentos baseados no medo, você reconhece que a sua felicidade não depende do mundo caótico ao seu redor. Em vez disso, ela depende da paz constante de Deus dentro de você.

Acredito que o nosso comprometimento com a cura do medo é a chave para o passo seguinte na evolução espiritual. Para promover uma grande mudança neste planeta, precisamos colaborar com o Espírito num nível individual. No passado, isso era inibido por ensinamentos que diziam que somente os líderes espirituais ou religiosos podem se comunicar diretamente com Deus. No entanto, nas últimas décadas, voltamos a compreender que, enquanto filhos de Deus, *todos nós* estamos diretamente conectados com o Espírito, e podemos desenvolver esse relacionamento em comunidade *e* na privacidade da nossa própria contemplação.

Para que possamos criar de fato um mundo diferente para nós e para os outros, precisamos trabalhar com poderes que estão além das nossas mãos. Entretanto, quando somos governados pelo medo, essa colaboração é tolhida ou, na melhor das hipóteses, retardada. Tentar chegar a um diferente destino usando o ego como veículo é como tentar remar ao redor do mundo numa canoa.

Para trabalhar como cocriadores e parceiros do Divino, precisamos ser livres para dar e receber uma comunicação direta sem a estática interferente do medo. Pense na mulher que, ao fazer a oração pela primeira vez, ouviu as palavras "FINALMENTE! Agora poderemos fazer algumas coisas de fato!". Acredito que essa exuberante mensagem seja para todos nós. O Espírito está ansioso para curar os nossos medos – não apenas porque iremos experimentar a abundância e a alegria da vida, mas porque seremos mais capazes de produzir mudanças positivas, ajudando a modificar a dinâmica do planeta.

Todos nós temos um ciclo infinito de velhas fitas tocando em nossa mente exatamente como a raiva e a frustração que senti no dia do CR-V. Eu pedi para me desfazer dessas fitas, tentei não dar atenção a elas, tentei compreendê-las, tentei deslocar meus pensamentos para outra coisa. Contudo, enquanto a oração não apareceu, esses pensamentos estavam emperrados em "play".

A partir do dia do CR-V, pude ver que a oração não apenas apaga as fitas, como na verdade ela também pode ajudá-lo a vivenciar tudo o que você quer na vida: abundância, saúde, vitalidade, amor e paz de espírito.

Muitas coisas mudaram na minha vida nos meses em que venho fazendo a oração, mas a mudança dominante é a capacidade em constante expansão de sentir alegria. O medo não limita mais o espaço que existe na minha vida para o amor.

No entanto o ego não quer que fiquemos curados. Ele está empenhado em mantê-lo paralisado e infeliz, para que possa bloqueá-lo e fazer com que você se esqueça de fazer a coisa mais simples do mundo: pronunciar seis palavras no coração e na mente que podem mudar a sua experiência de vida e fazer com que você se sinta livre, feliz e leve. Caso necessário, anote a prece e carregue-a com você, coloque-a no seu telefone, faça alguma coisa para se lembrar dela até que ela se transforme numa rotina.

Você demorou a chegar aonde chegou, de modo que precisa conceder à oração tempo e paciência. Isso pode ser difícil nos dias em que você der consigo fazendo constantemente o

"A cura do medo
é a chave para
o próximo passo
na evolução
espiritual."

pedido. Você começa a perceber como os pensamentos negativos e baseados no medo são implacáveis. E isso pode parecer esmagador, como se você estivesse contemplando um grande exército se aproximando. Como você poderá vencer? É quando você se lembra de que *você* não pode, mas o Espírito Santo pode.

O nosso ego de 2 anos não é capaz de ser autoconsciente, ou de se autocorrigir para abandonar o medo. Temos que pedir a um poder maior do que nós mesmos para tirar esse fardo de nós – para mudar de fato a nossa mente, para nos conduzir à retidão. Este é o verdadeiro significado do pensamento correto... estar em harmonia com a energia do amor.

Por conseguinte, continue a pedir. Seja vigilante. Esta é uma prática espiritual. Um único pedido para curar os seus pensamentos não vai cuidar de tudo. Seja atento. Execute essa prática mais do que qualquer coisa que você já tenha praticado na vida. Todavia você não estará praticando em vão, mesmo que às vezes seja o que pareça estar acontecendo. Os ruídos no seu painel começarão a desaparecer, e muitos outros poderão sumir por completo.

Usar a oração não consiste em nunca mais ter outro pensamento baseado no medo, porque o mundo está repleto deles. A nossa mente está cheia deles. Você pode chegar ao ponto em que acordará de manhã e dormirá à noite contente e satisfeito em vez de estressado e inquieto. Você pode ter uma vida na qual os seus relacionamentos são harmoniosos e você se sente amparado e amado. Você pode encontrar propósito no seu trabalho e equilibrar a sua profissão com atividades que lhe tragam alegria. Você pode remover os obstáculos à abundância e ao bem-estar. Você pode mostrar aos seus filhos a beleza deste mundo e enxergar a luz de Deus nas pessoas que encontrar.

Tudo isso é possível. E é o que você merece. É o que todo mundo merece.

Portanto, faça a oração. Ela só leva um segundo. É a coisa mais simples do mundo. E os resultados são 100% garantidos.

Eu diria que é uma boa troca por dizer uma frase tão pequena.

Por favor,

cure

os meus

PENSAMENTOS

baseados no medo.

Agradecimentos

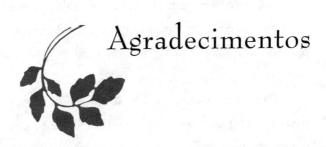

Desde o dia em que a oração surgiu na minha vida, este projeto teve impulso e energia próprios. Não tenho nenhuma dúvida de que a oração estava destinada a ser compartilhada, e que mãos invisíveis a conduziram a uma equipe amorosa e dedicada.

Sou muito grata...

À minha agente, Stephany Evans, da FinePrint Literary Management, por reconhecer de imediato o poder da oração e sempre oferecer os seus exímios conselhos e sua amizade ao longo do caminho.

À minha editora, Caroline Pincus, por defender este livro desde o início e conceder a ele a sua refletida e completa atenção. Ela foi uma fonte e uma guia inestimável.

À equipe de *design* da Red Wheel/Weiser, por tratar o original com muito cuidado e habilidade, excedendo muito o que eu poderia imaginar.

A Claire Elizabeth Terry, que fez milagres acontecerem ao entrar em contato com líderes ao redor do mundo no interesse da oração. Ela se tornou uma amiga querida durante esse processo.

Aos meus alunos de *Um Curso em Milagres* pela sua paciência enquanto eu falava a todo momento a respeito de pensamentos baseados no medo e pensamentos baseados no amor, bem como pelo seu constante incentivo.

A todos aqueles, citados ou não citados, que me deram permissão para narrar as suas histórias no livro. Sinto-me inspirada pela profundidade de sua fé e sabedoria.

Ao meu marido, Bob, por sempre estar disposto a ouvir quando eu digo "preciso lhe dizer uma coisa" – mesmo quando se trata de ruídos que aparecem (e desaparecem) no painel de instrumentos. A sua firmeza e a sua capacidade de indagar e oferecer apoio fazem com que eu me lembre todos os dias da maneira como estamos destinados a fazer contribuições mútuas.

Ao Espírito que me confortou pela primeira vez com a oração e que torna tudo possível. Não consigo expressar a profundidade da minha gratidão e admiração.

E a todos aqueles que fazem esta oração e a compartilham com outros. Obrigada por ajudar a transformar este mundo de medo em amor.

Impresso por :

gráfica e editora

Tel.:11 2769-9056